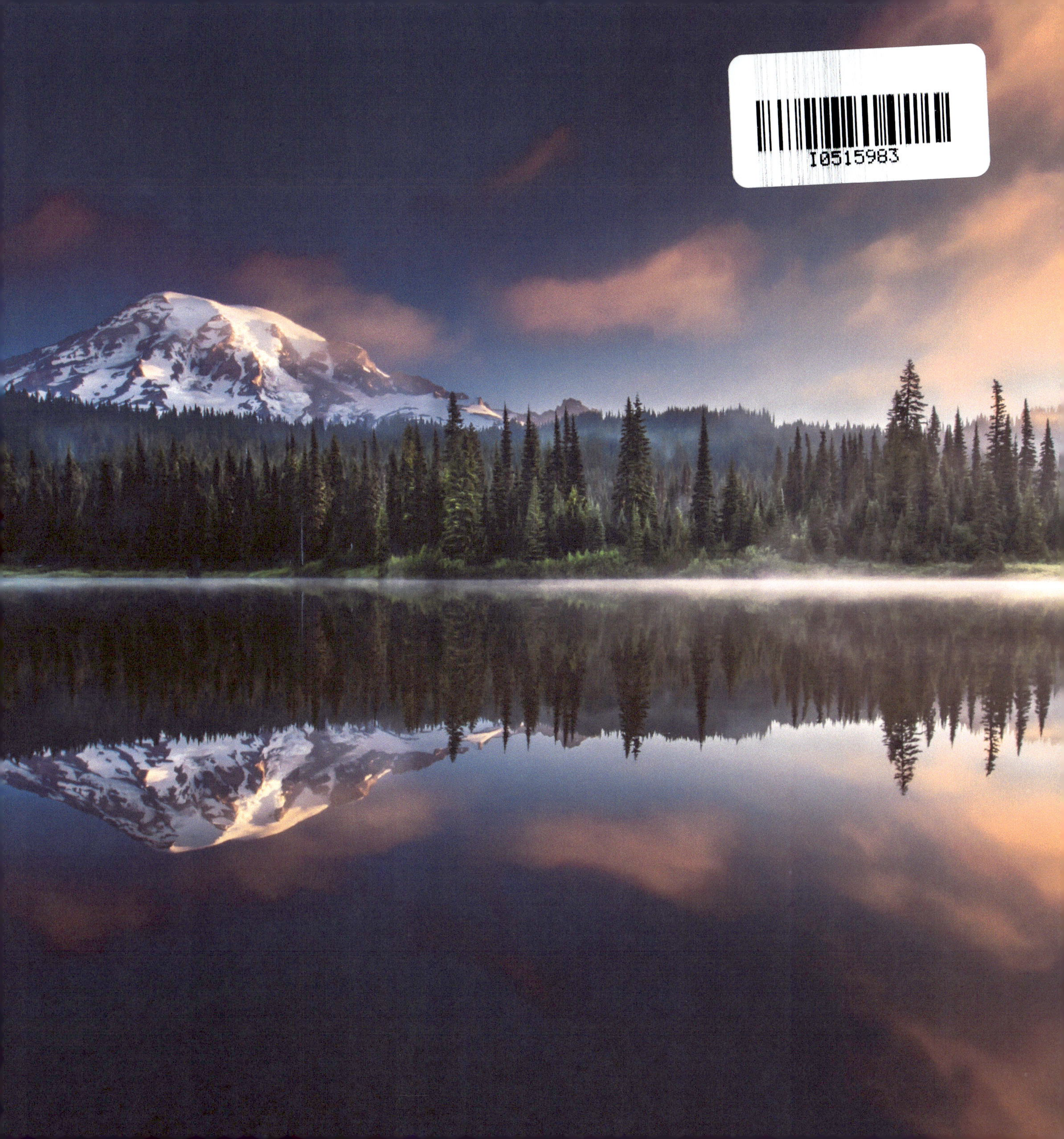

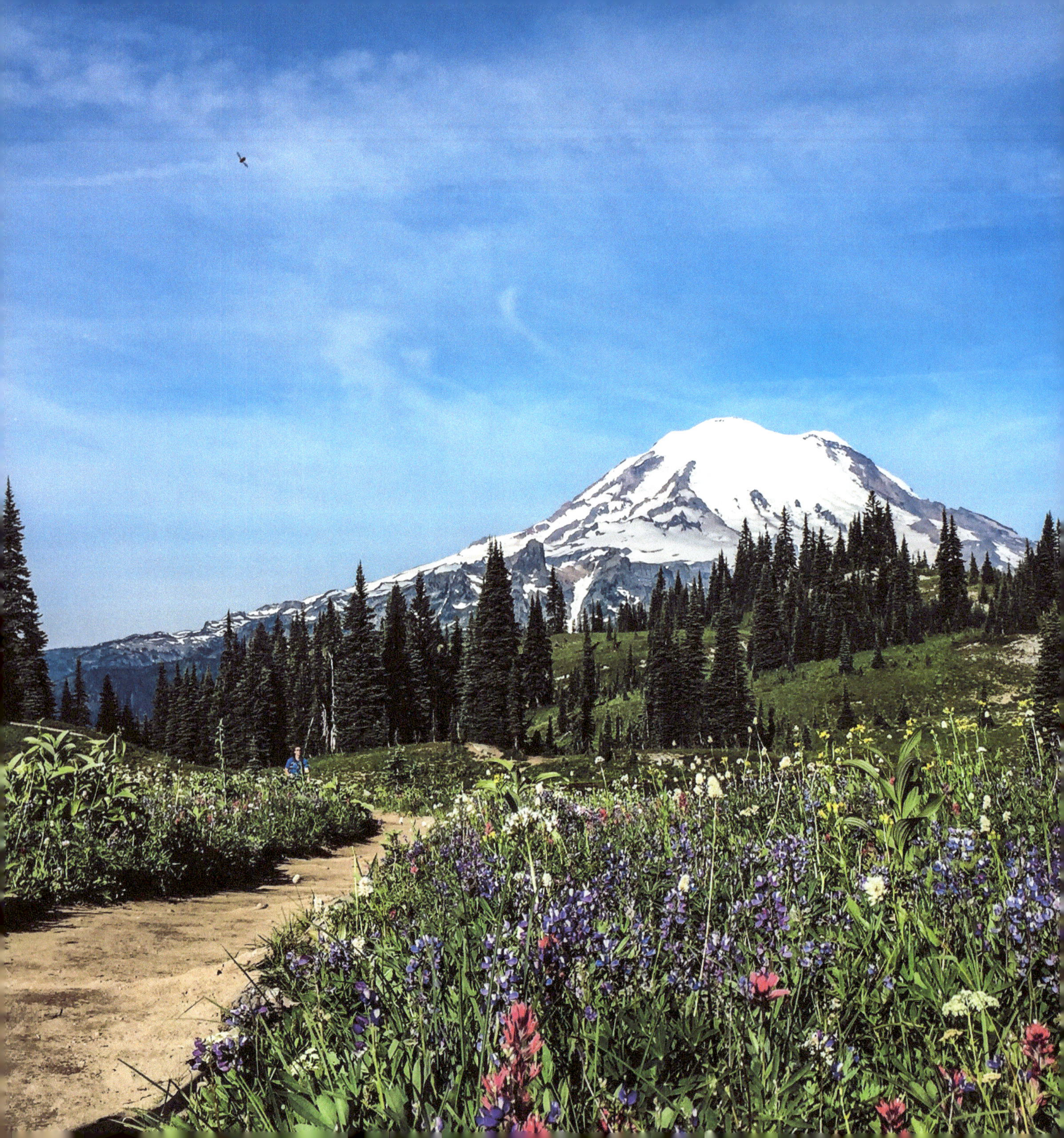

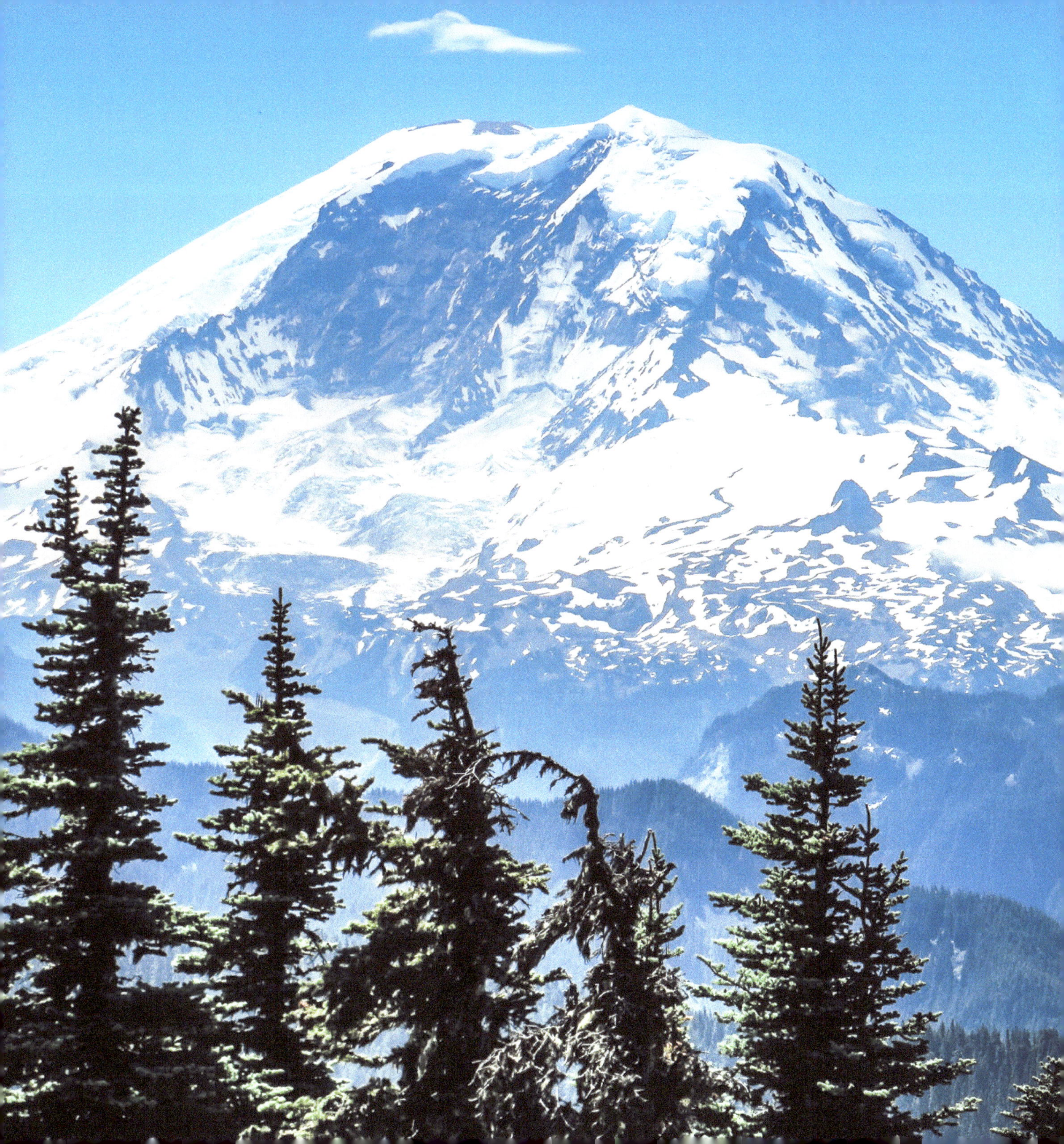

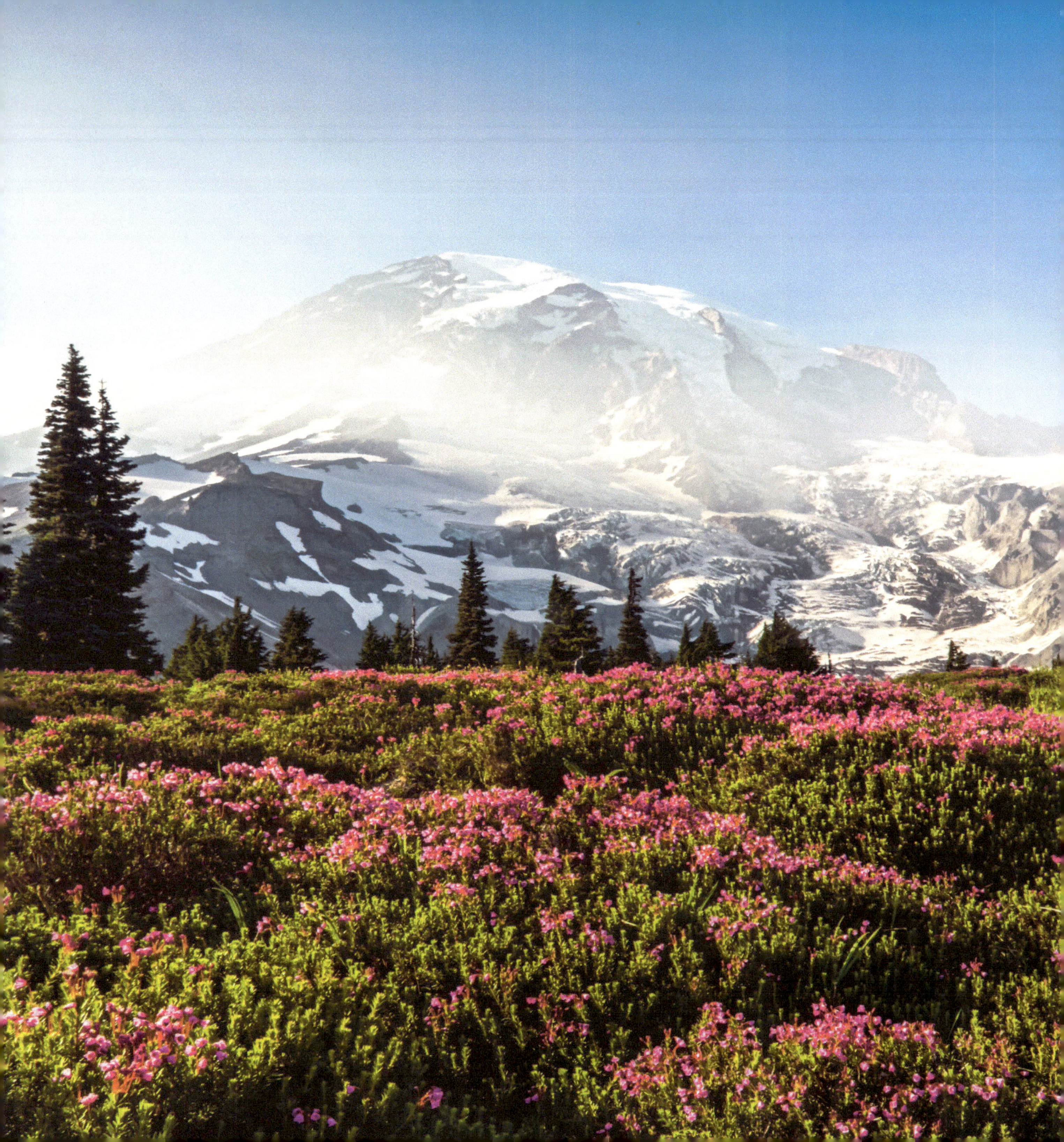

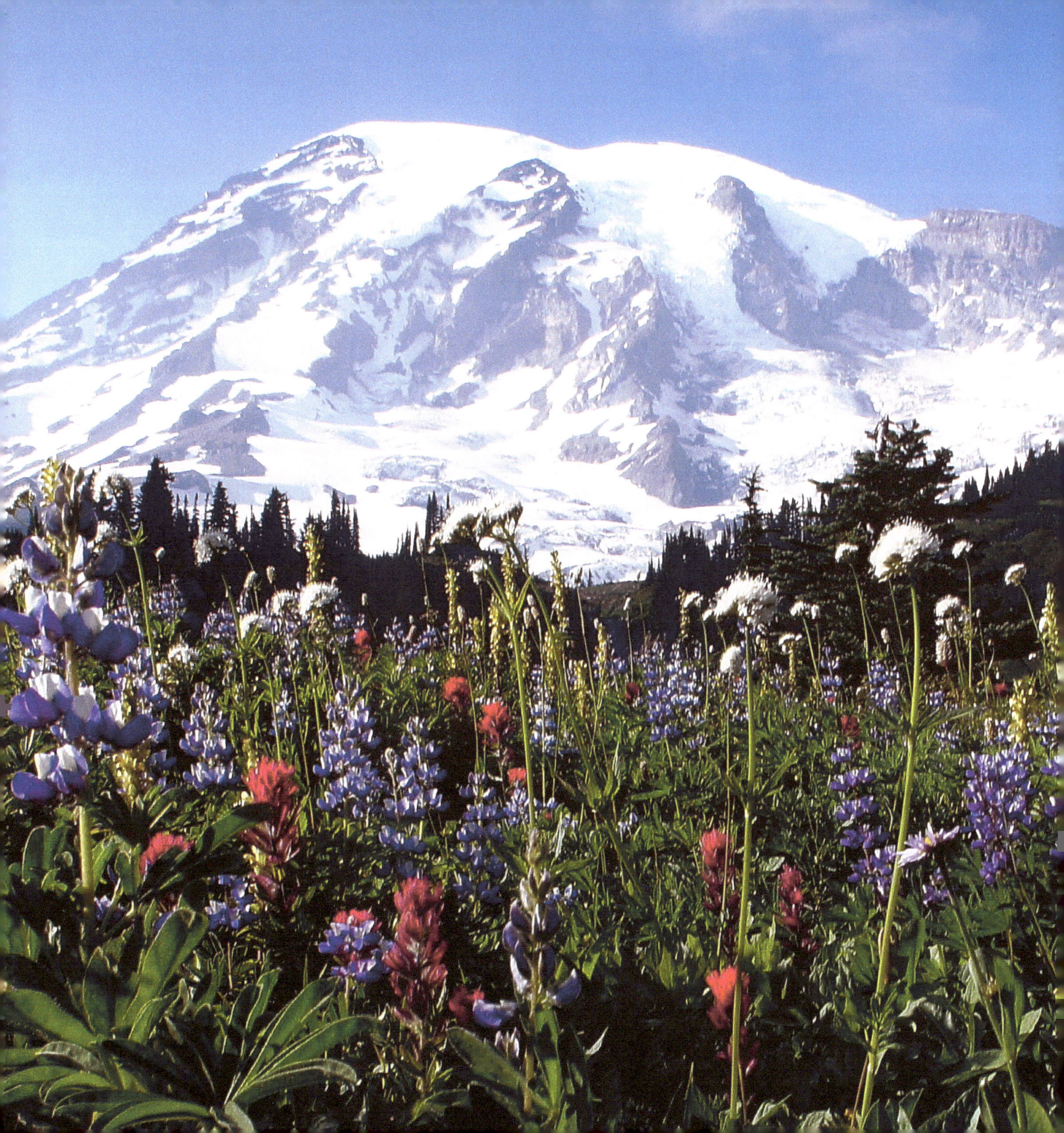

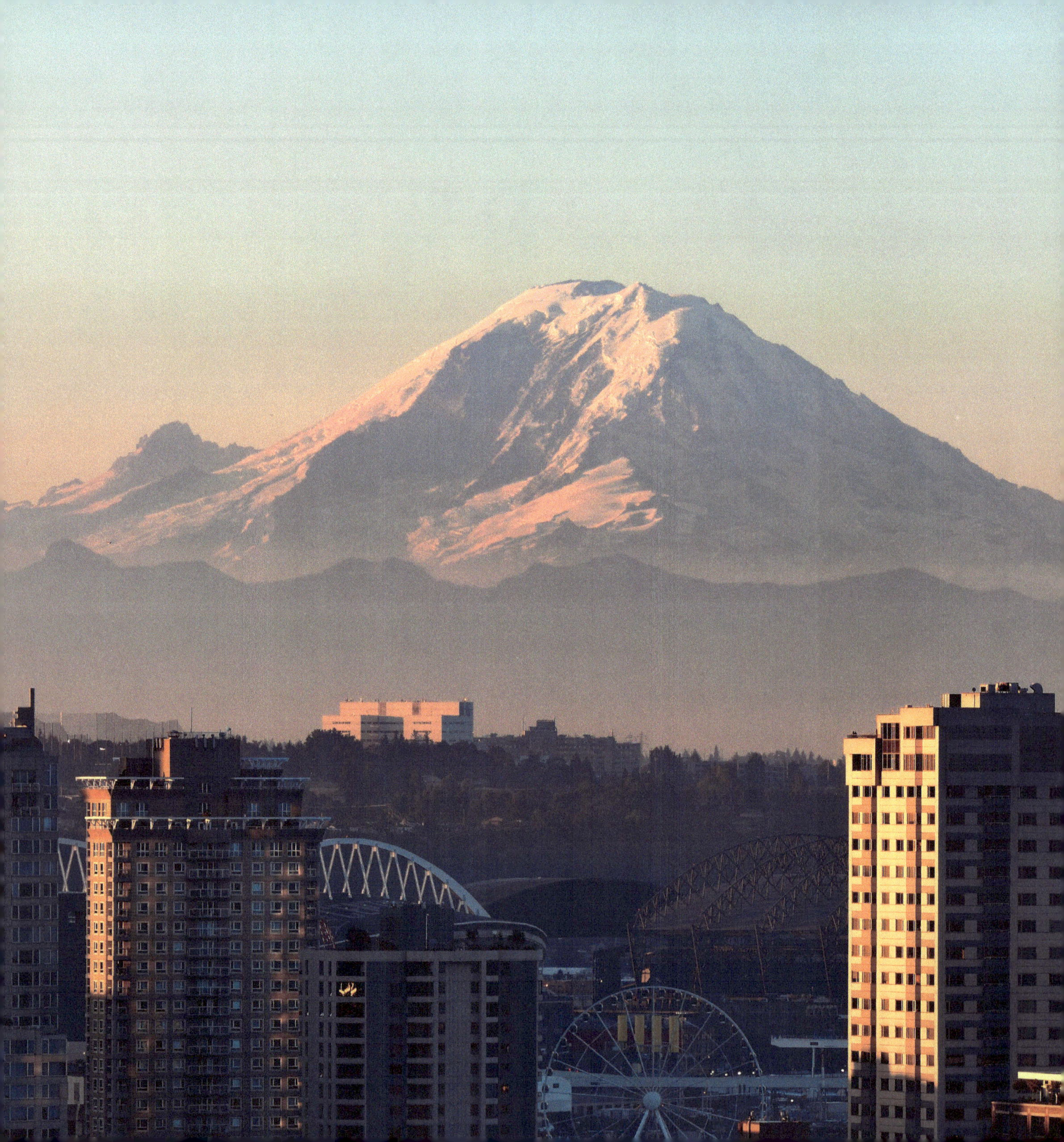

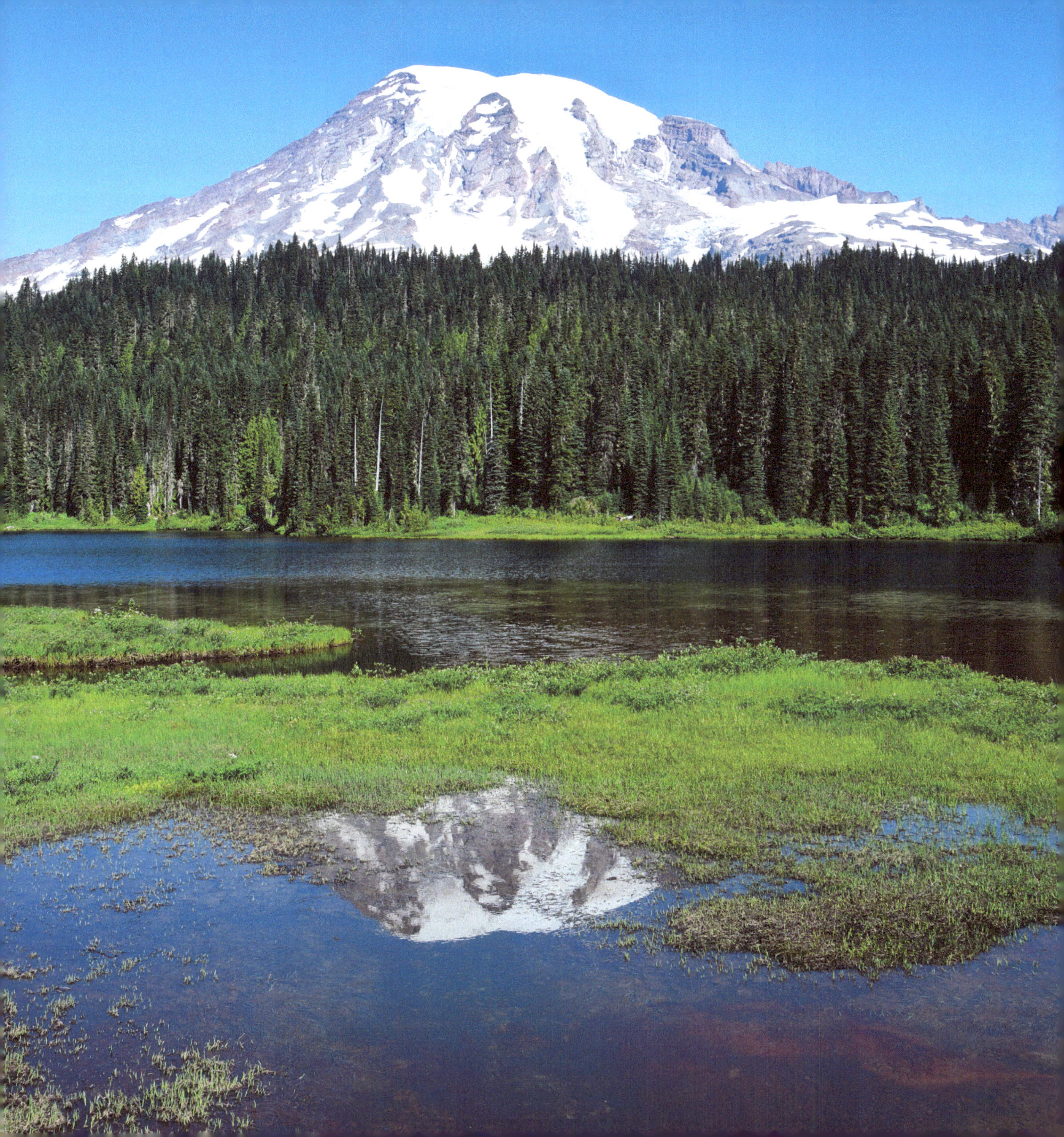

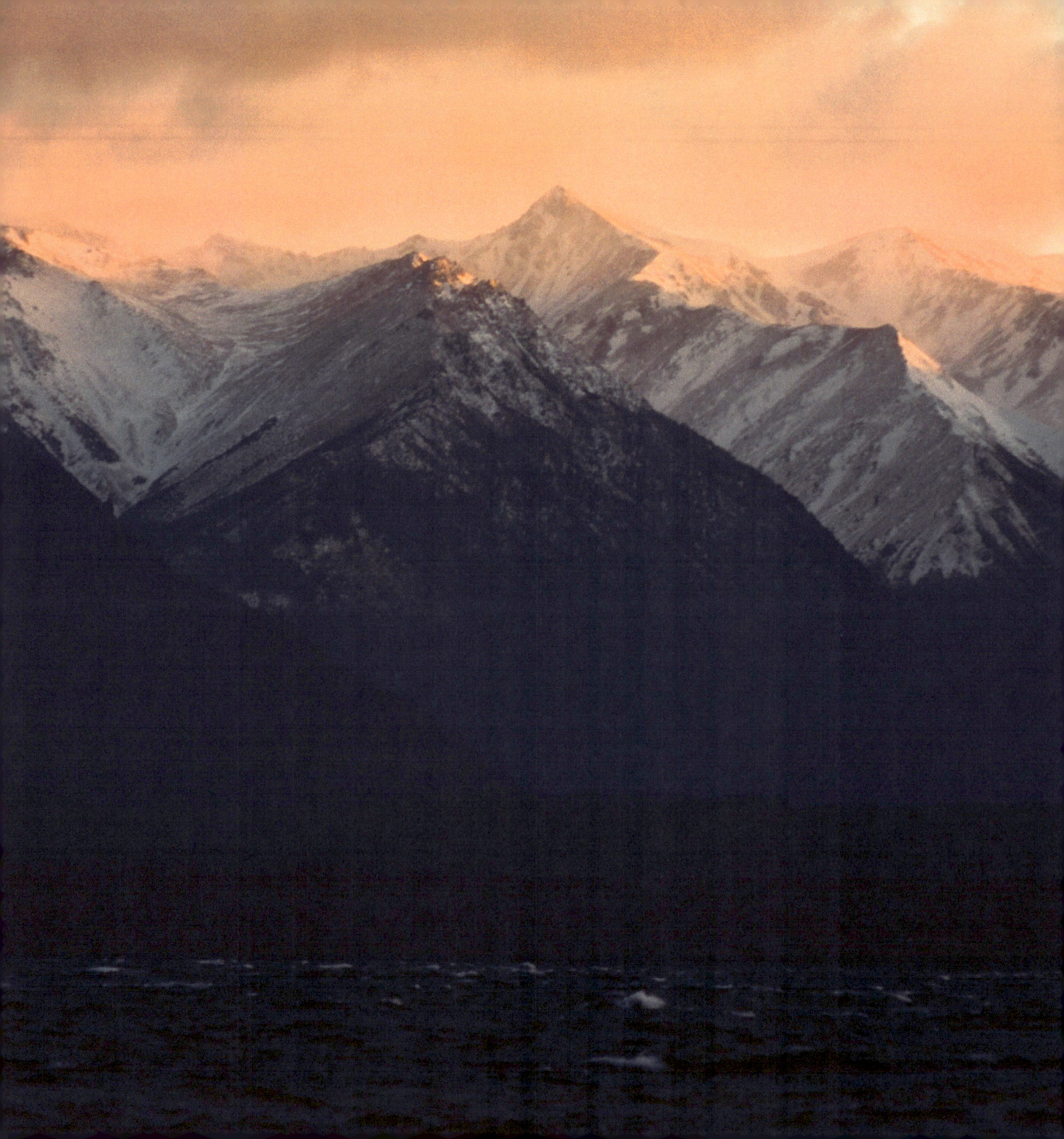

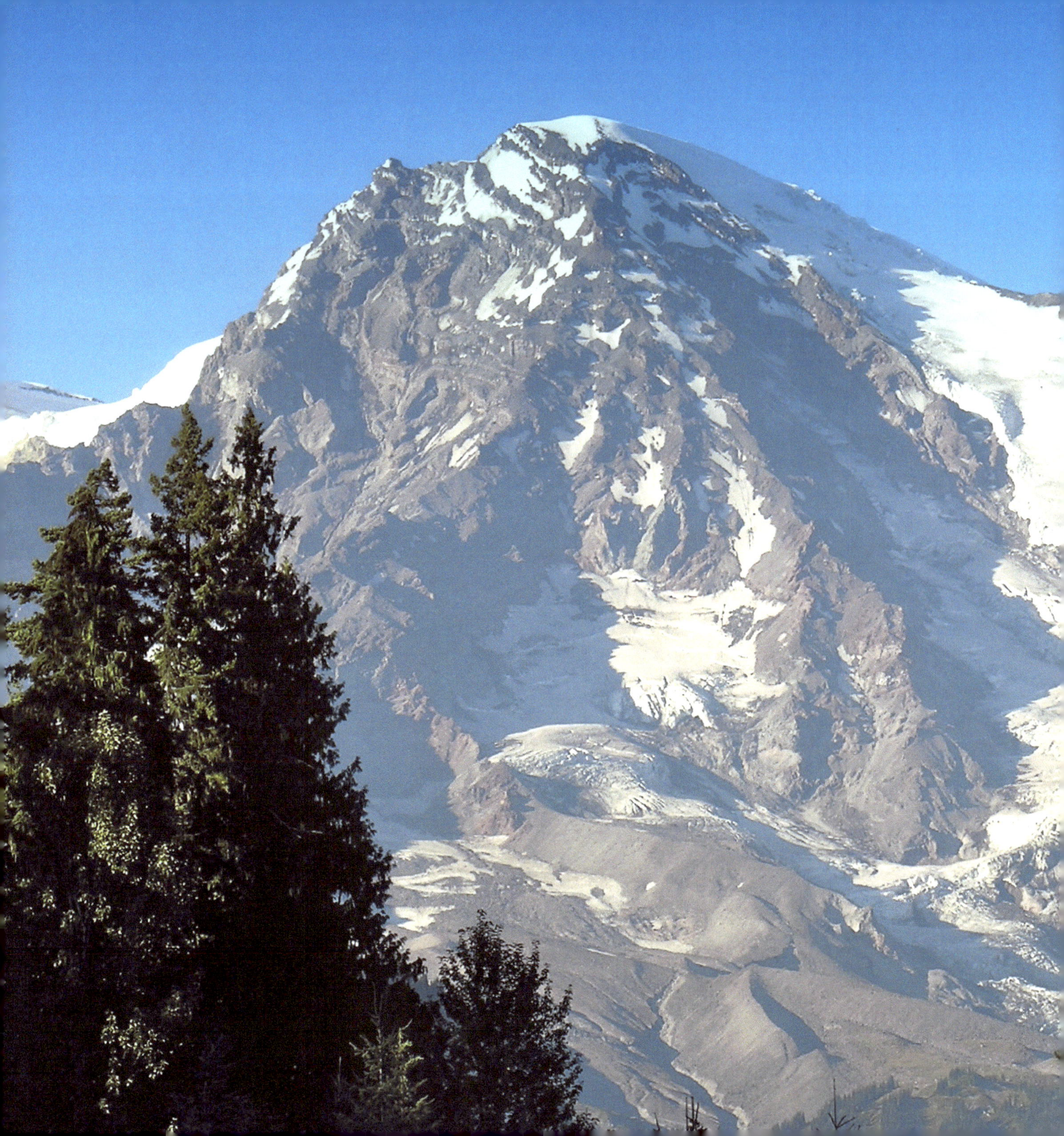

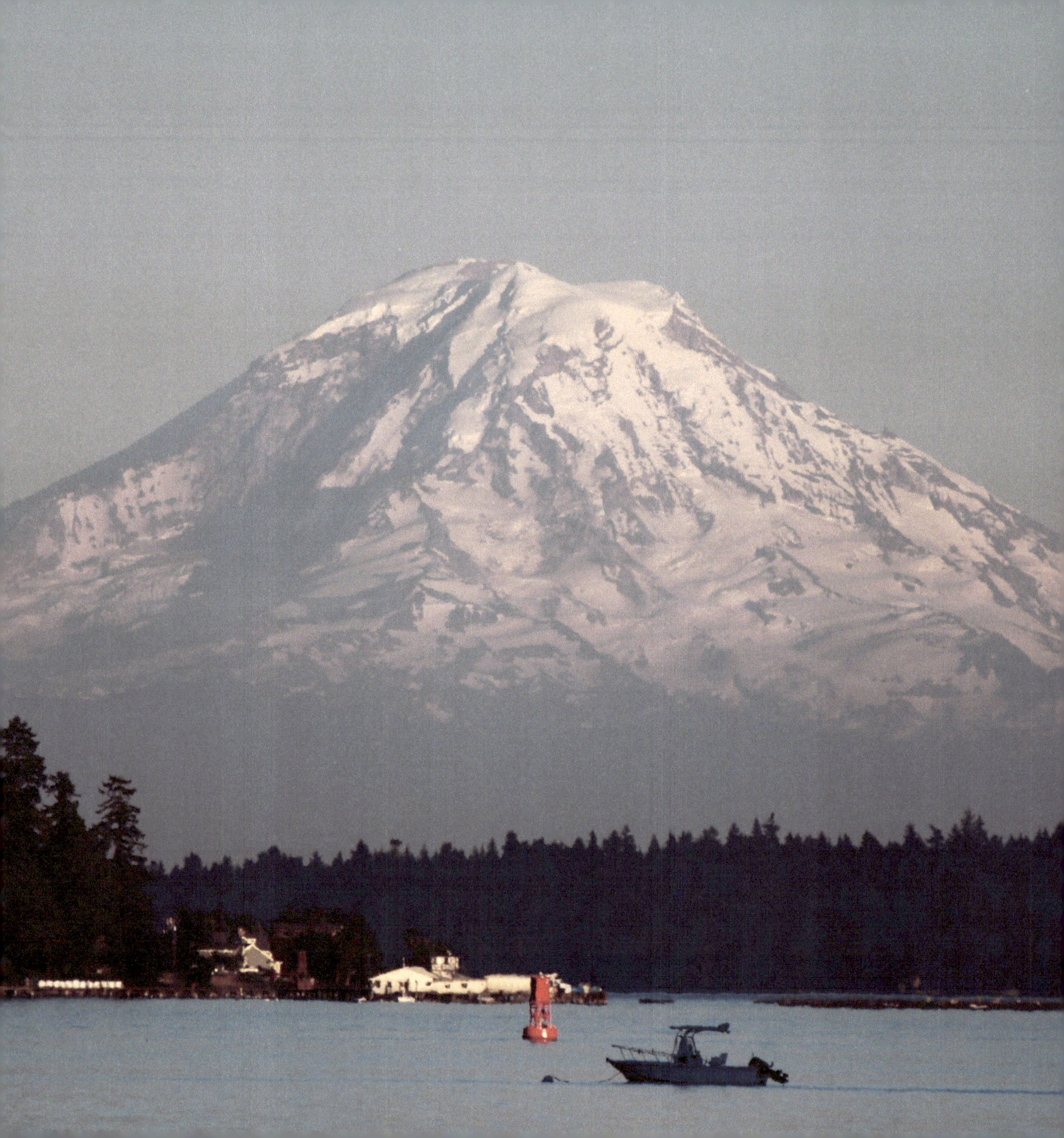

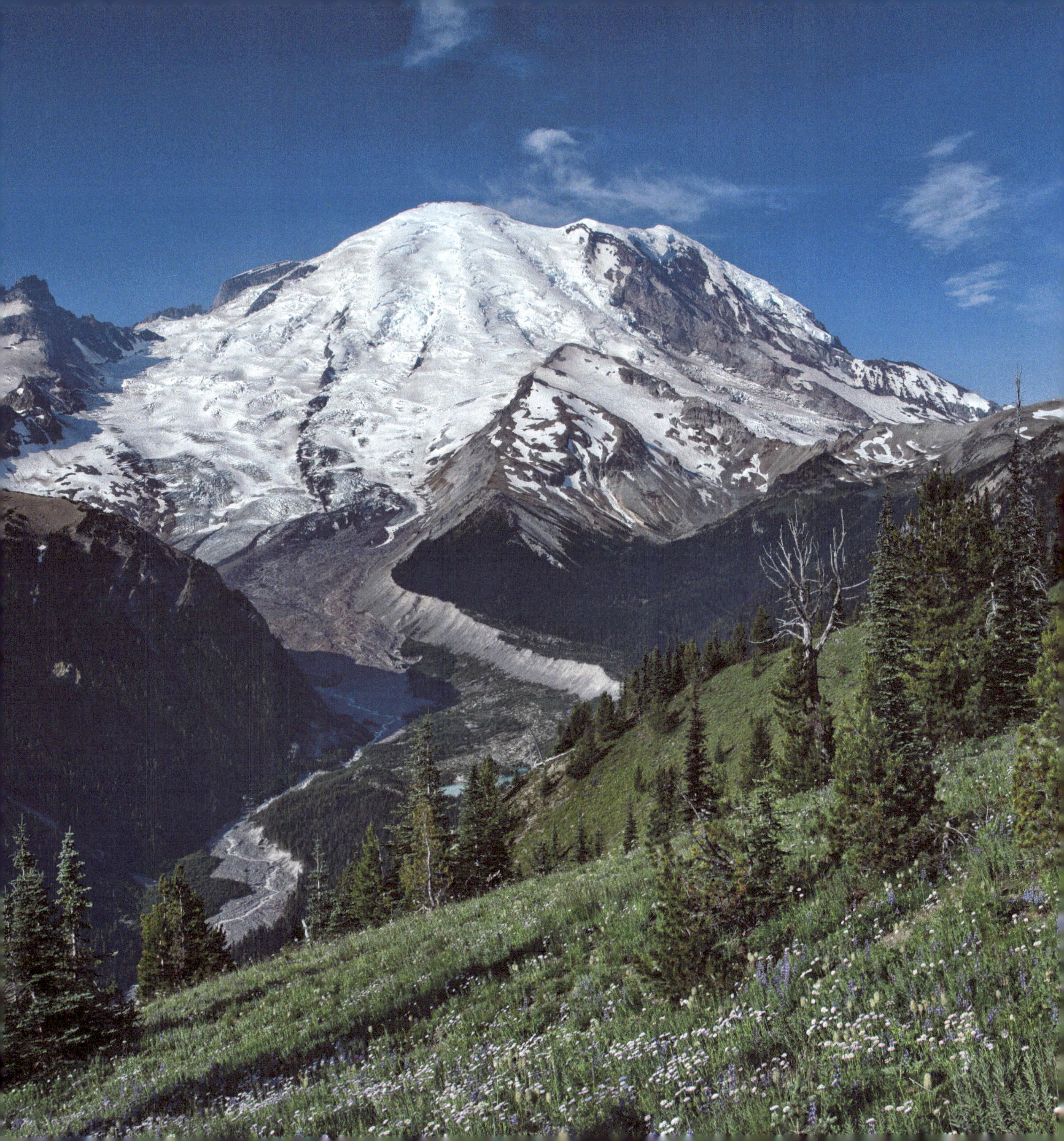

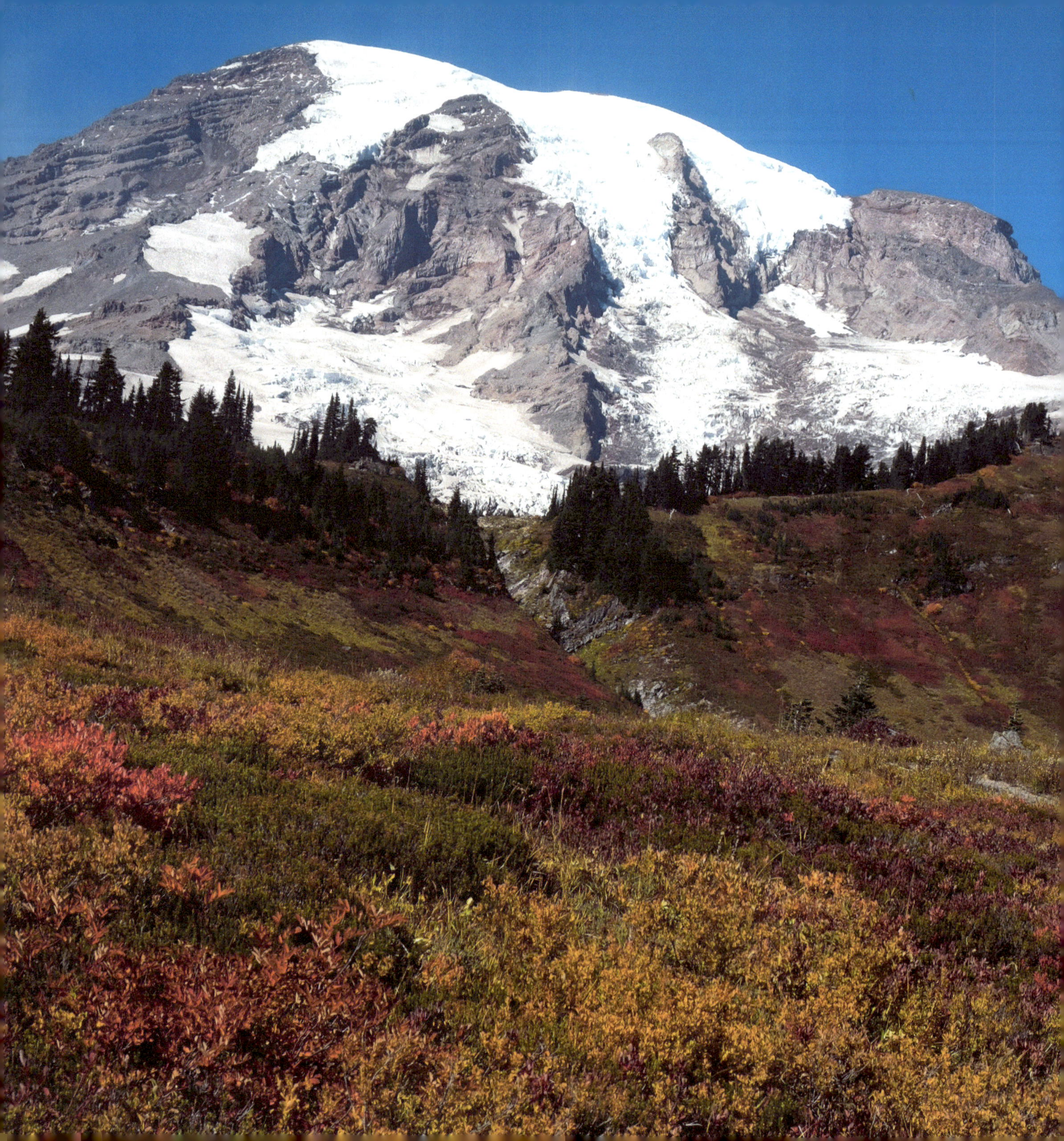

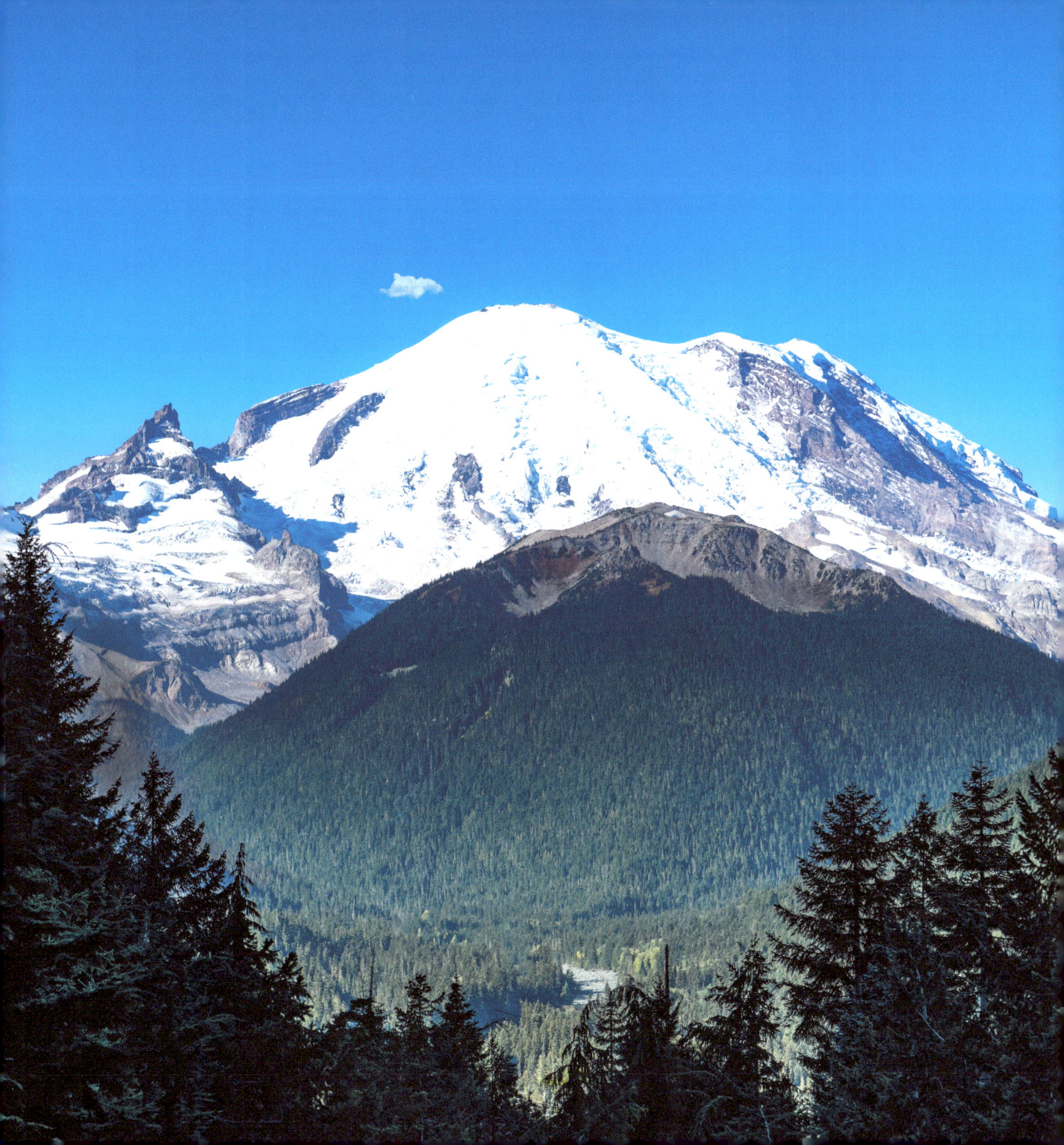

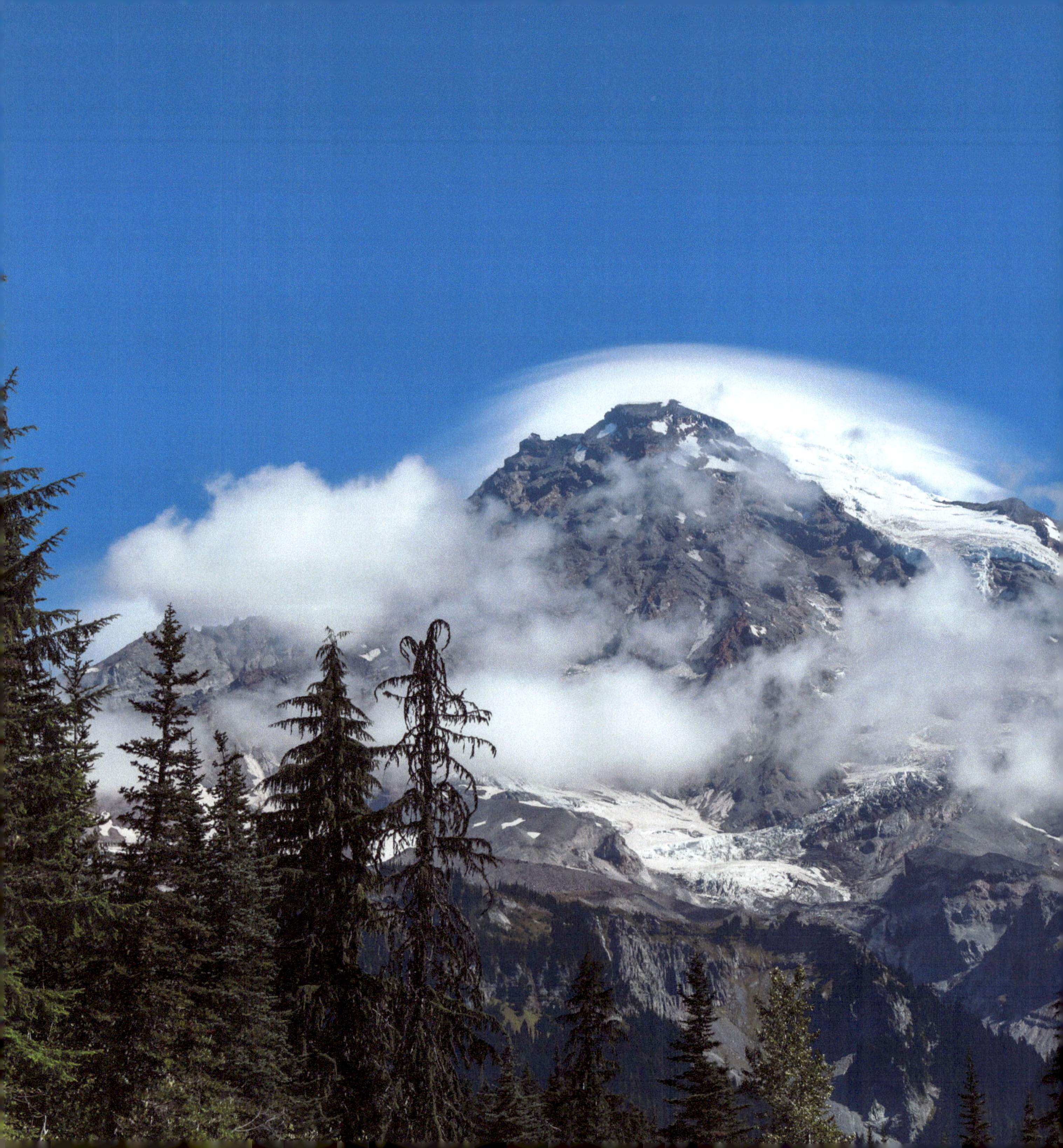

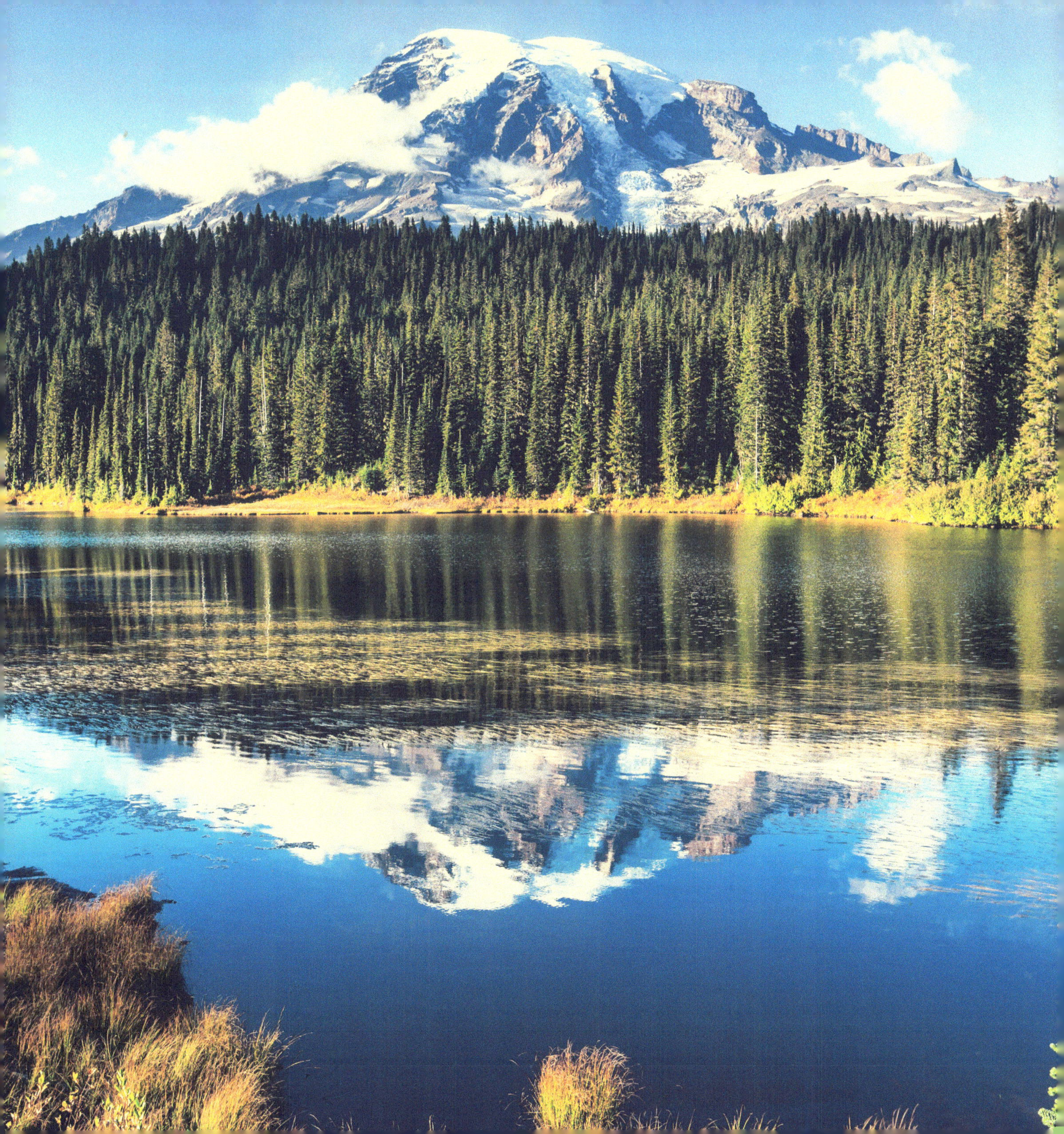

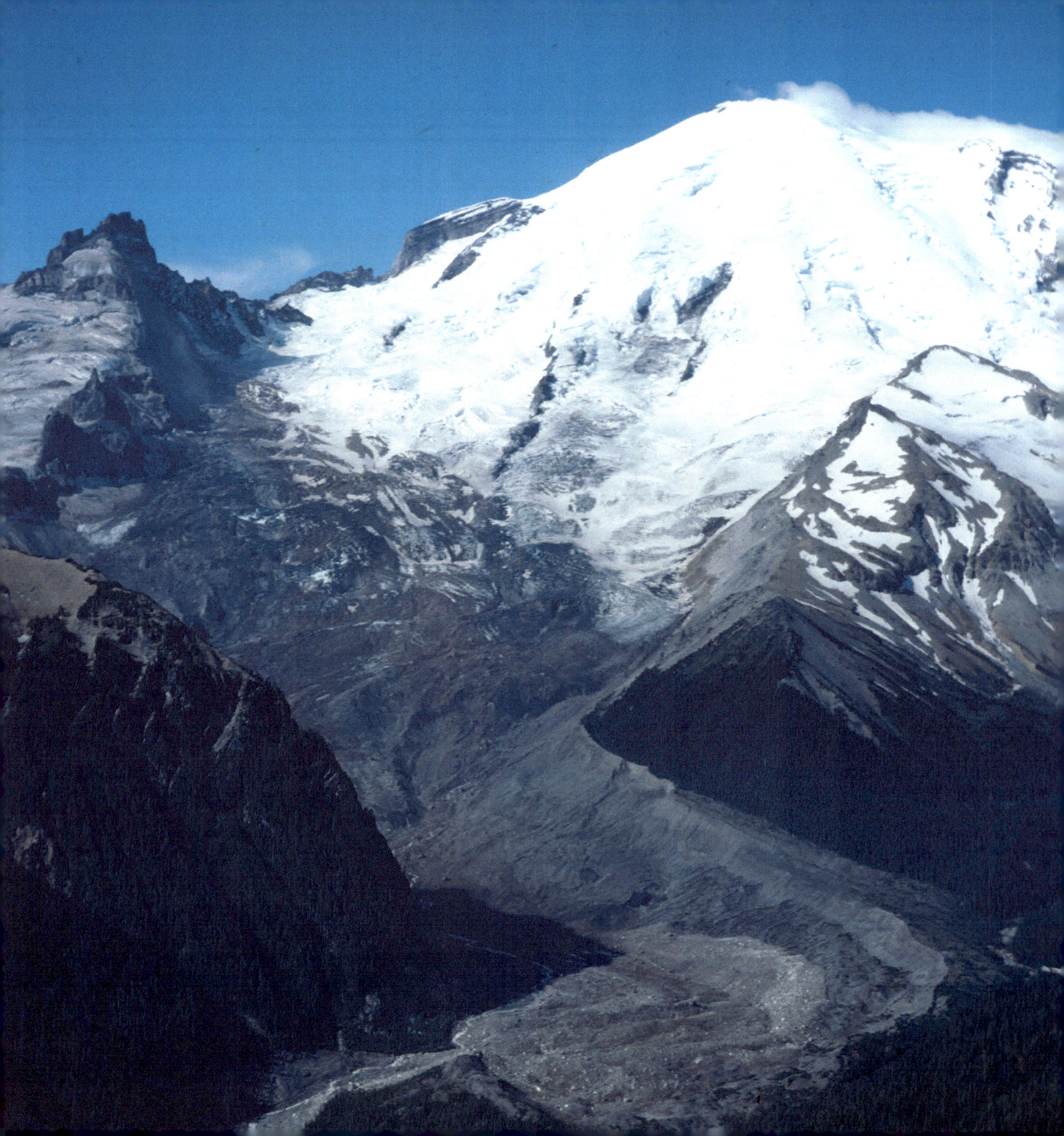

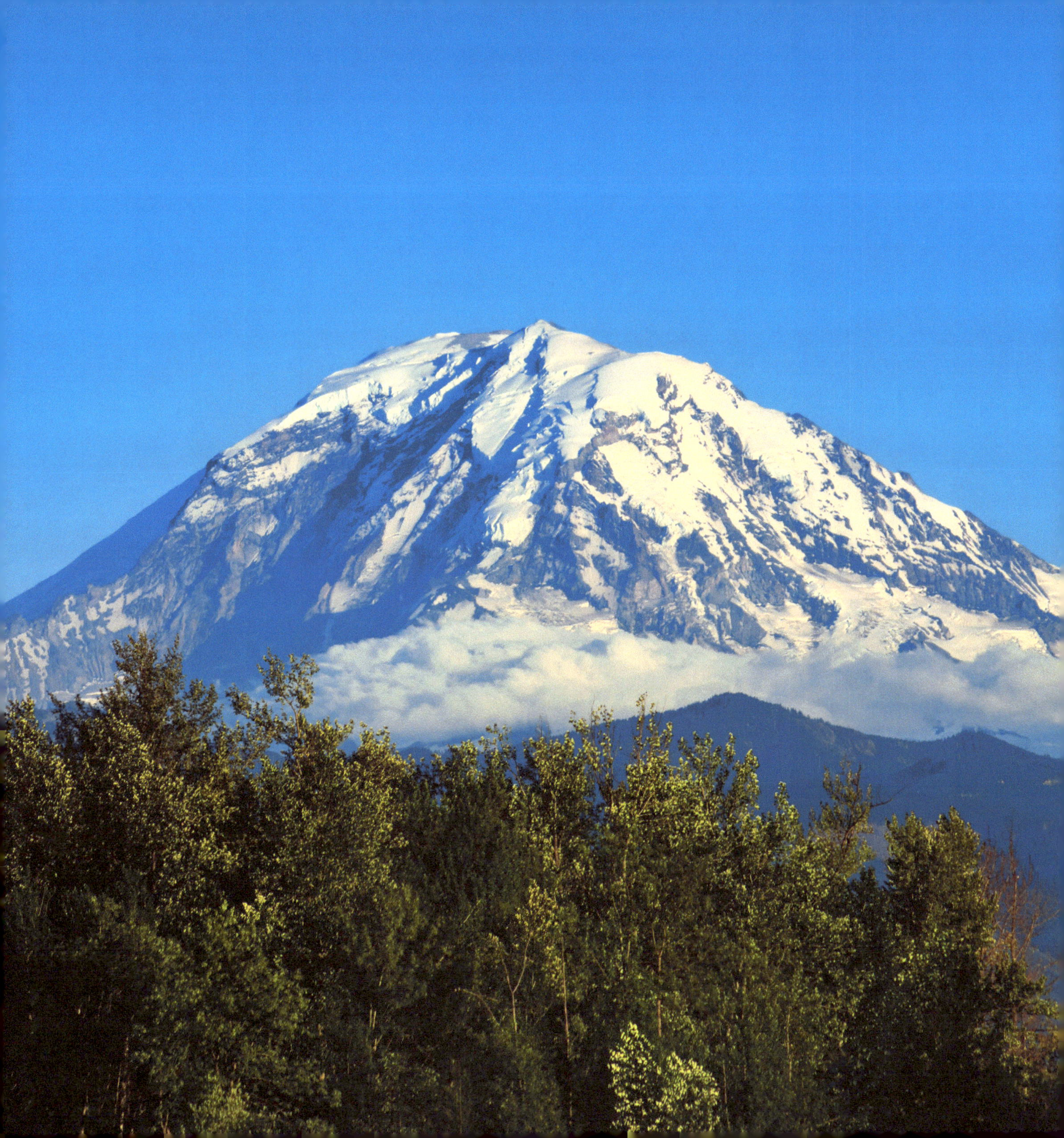

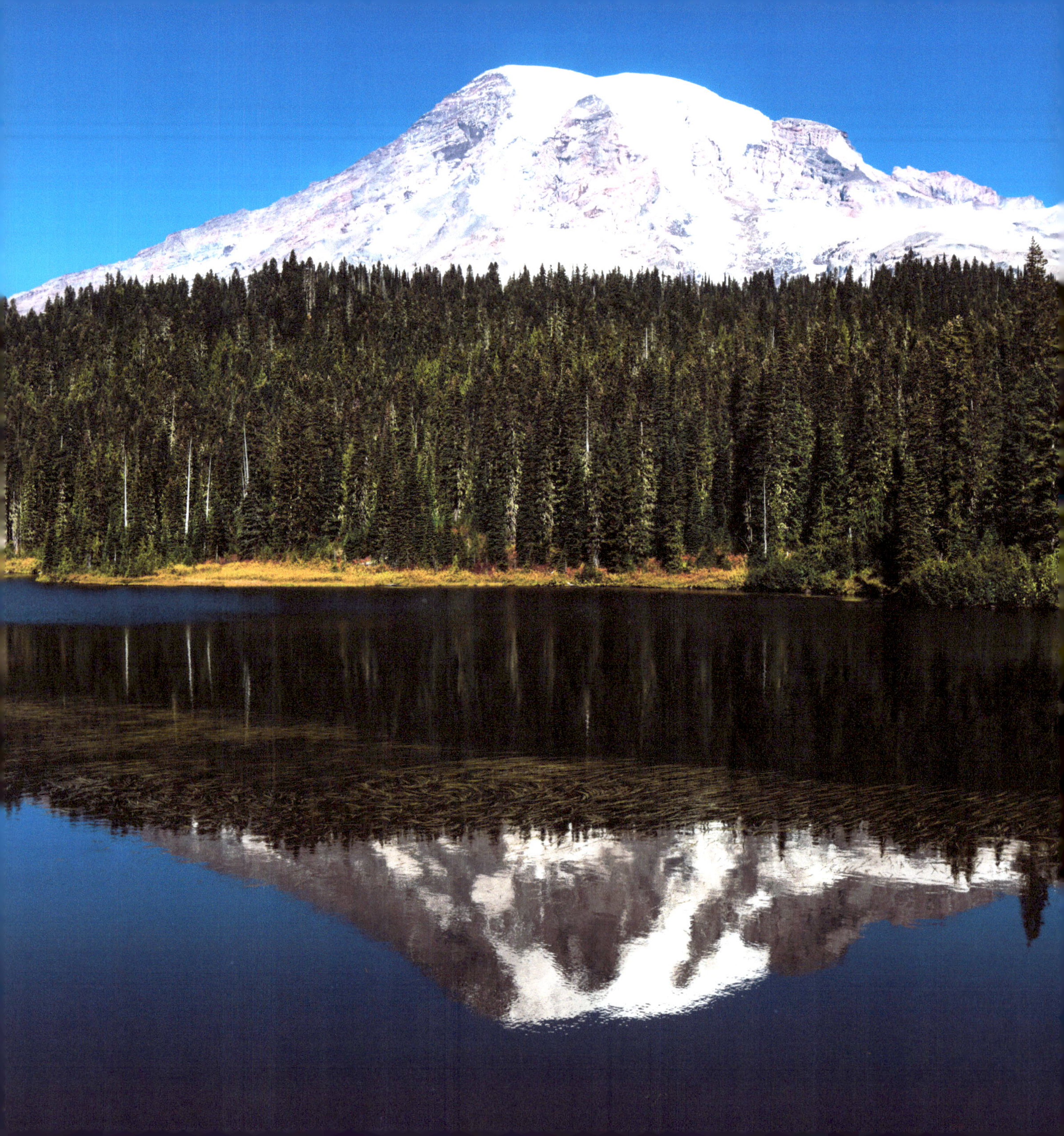

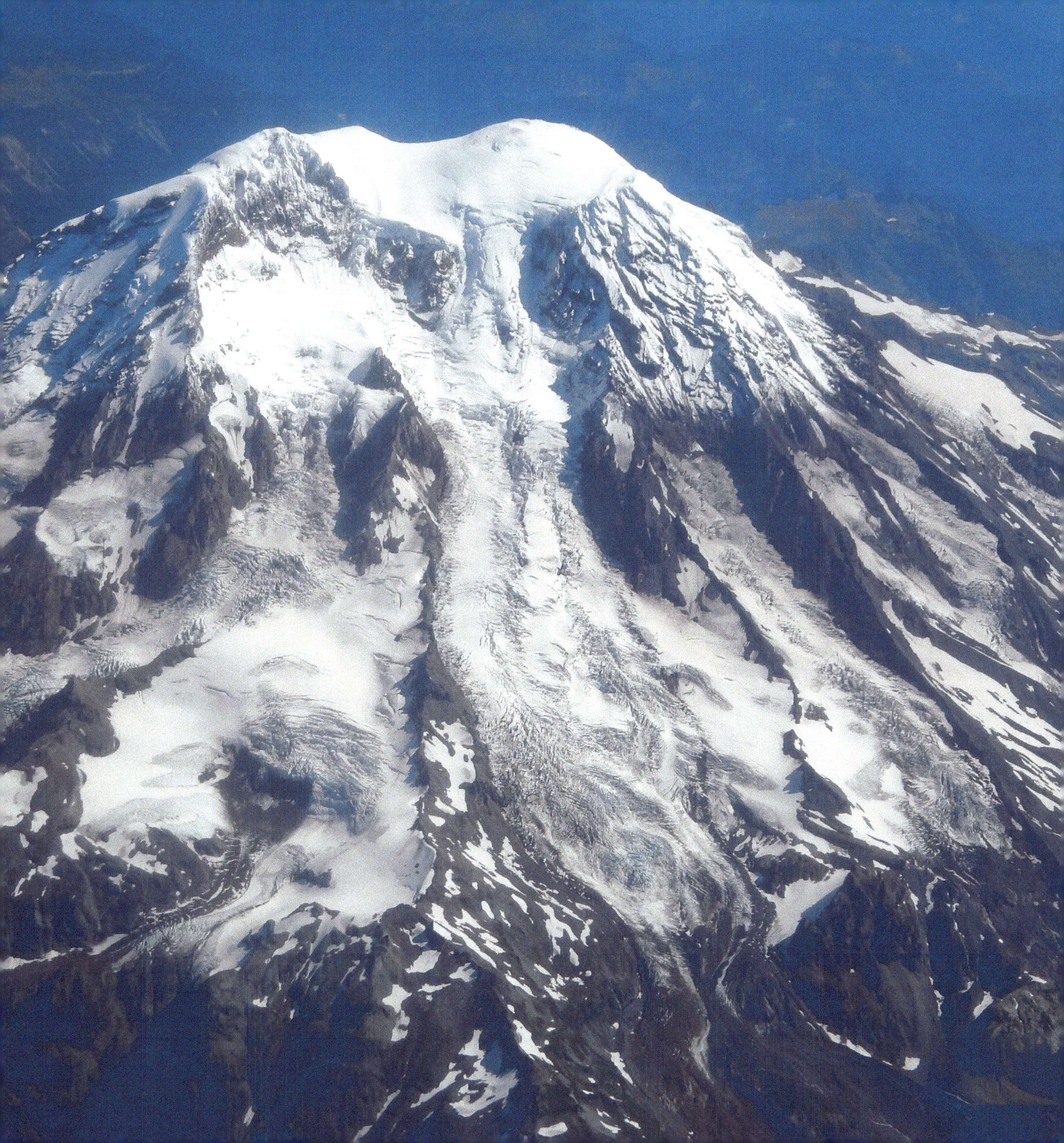

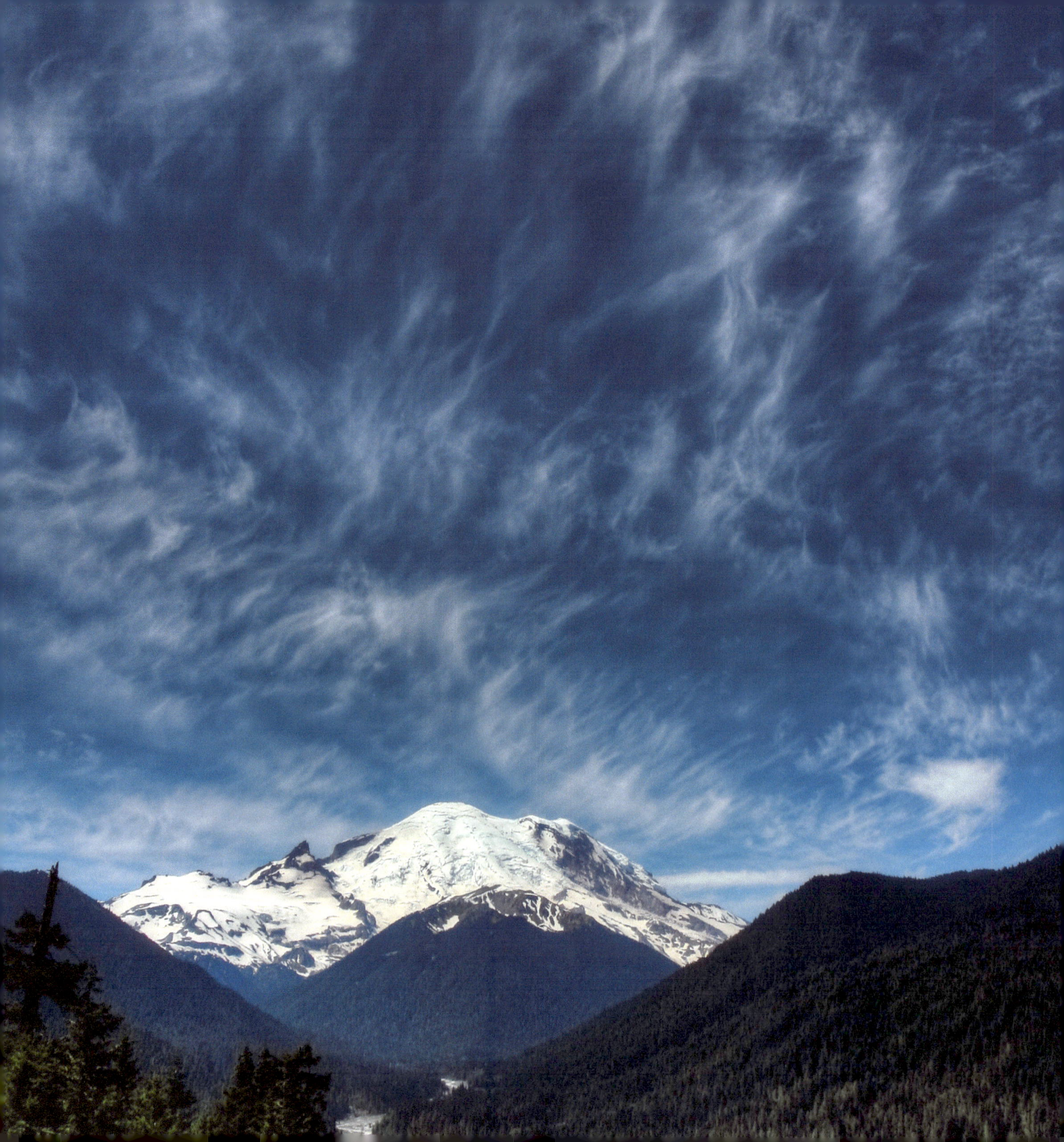

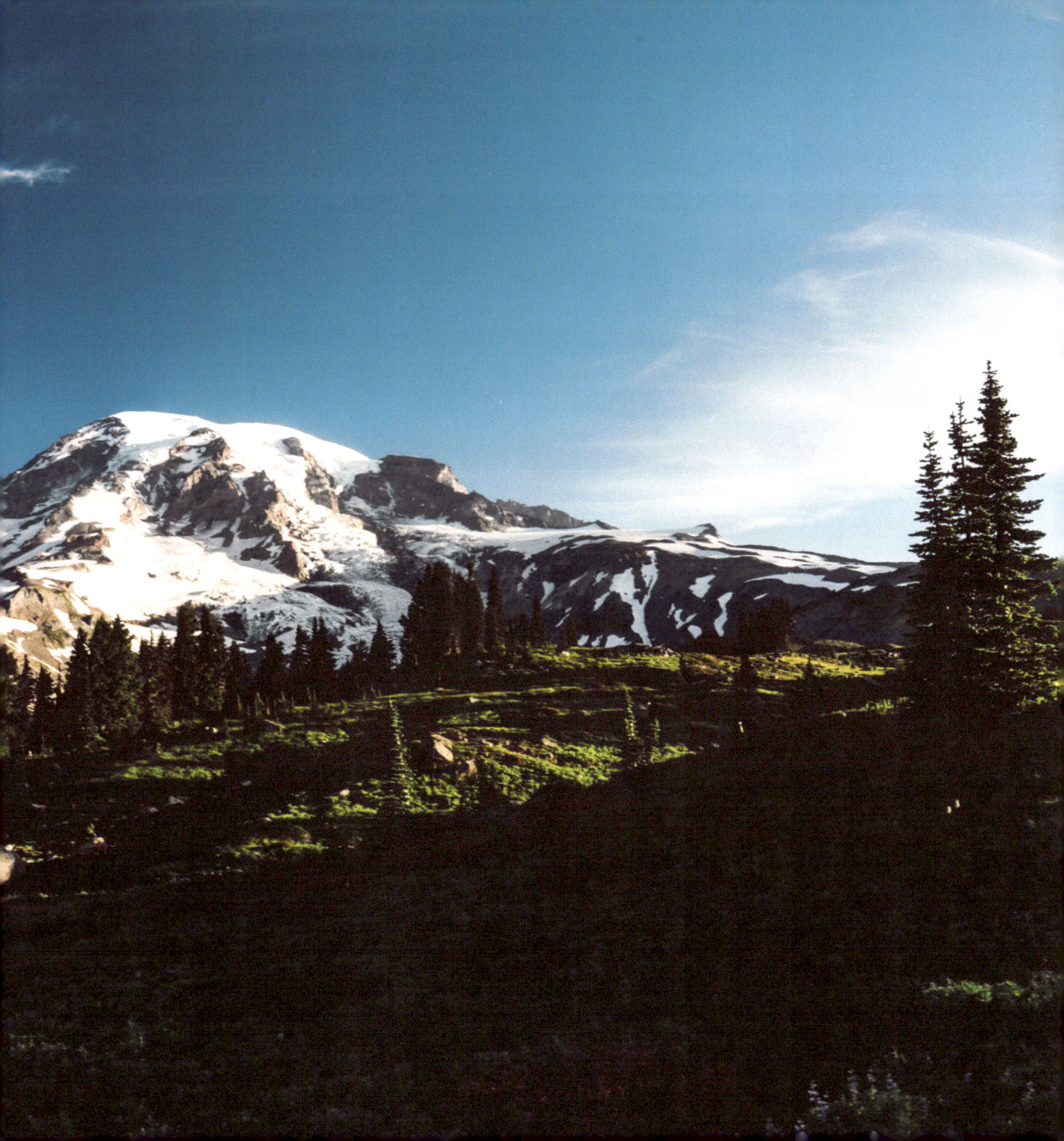

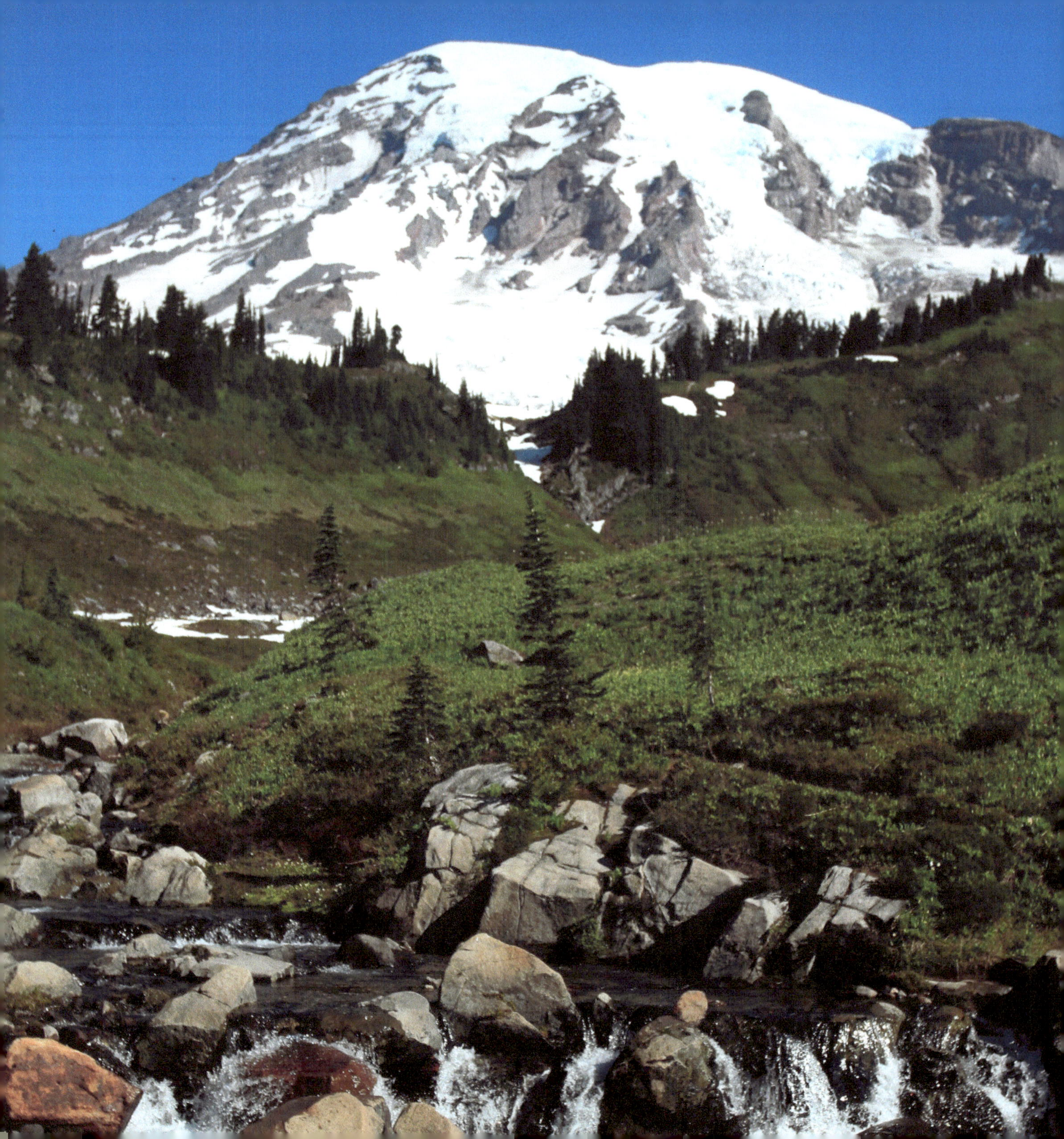

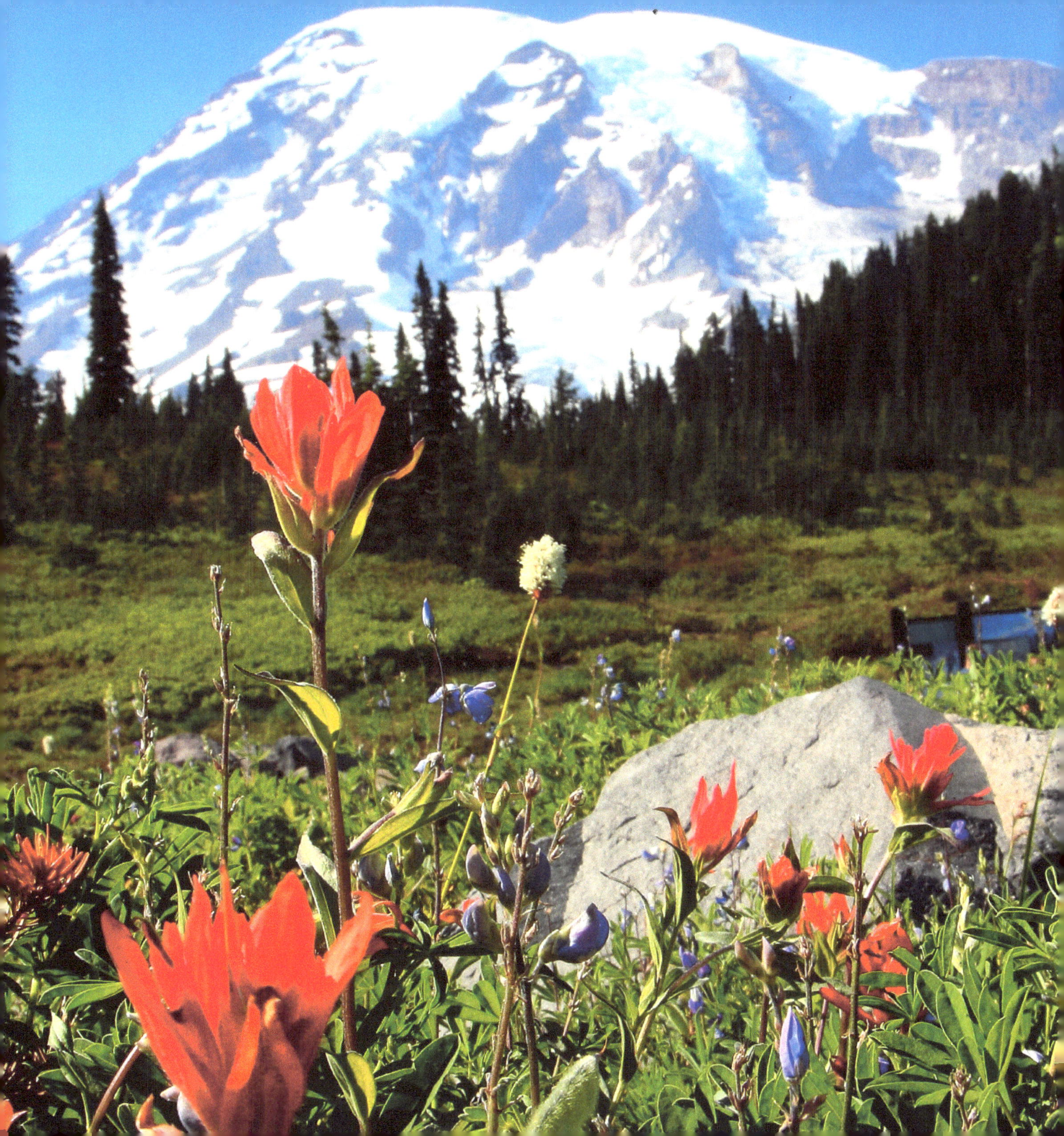

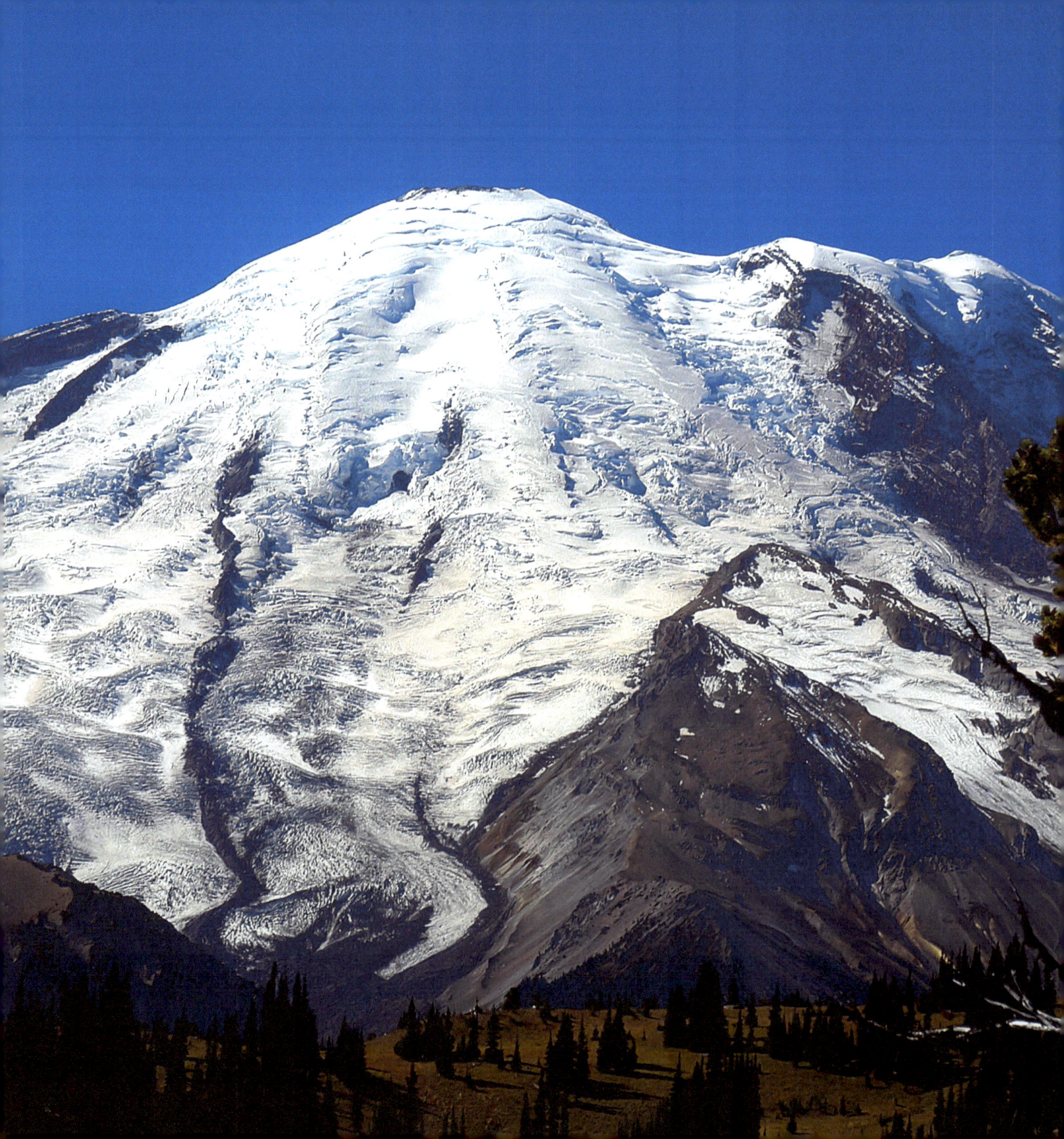

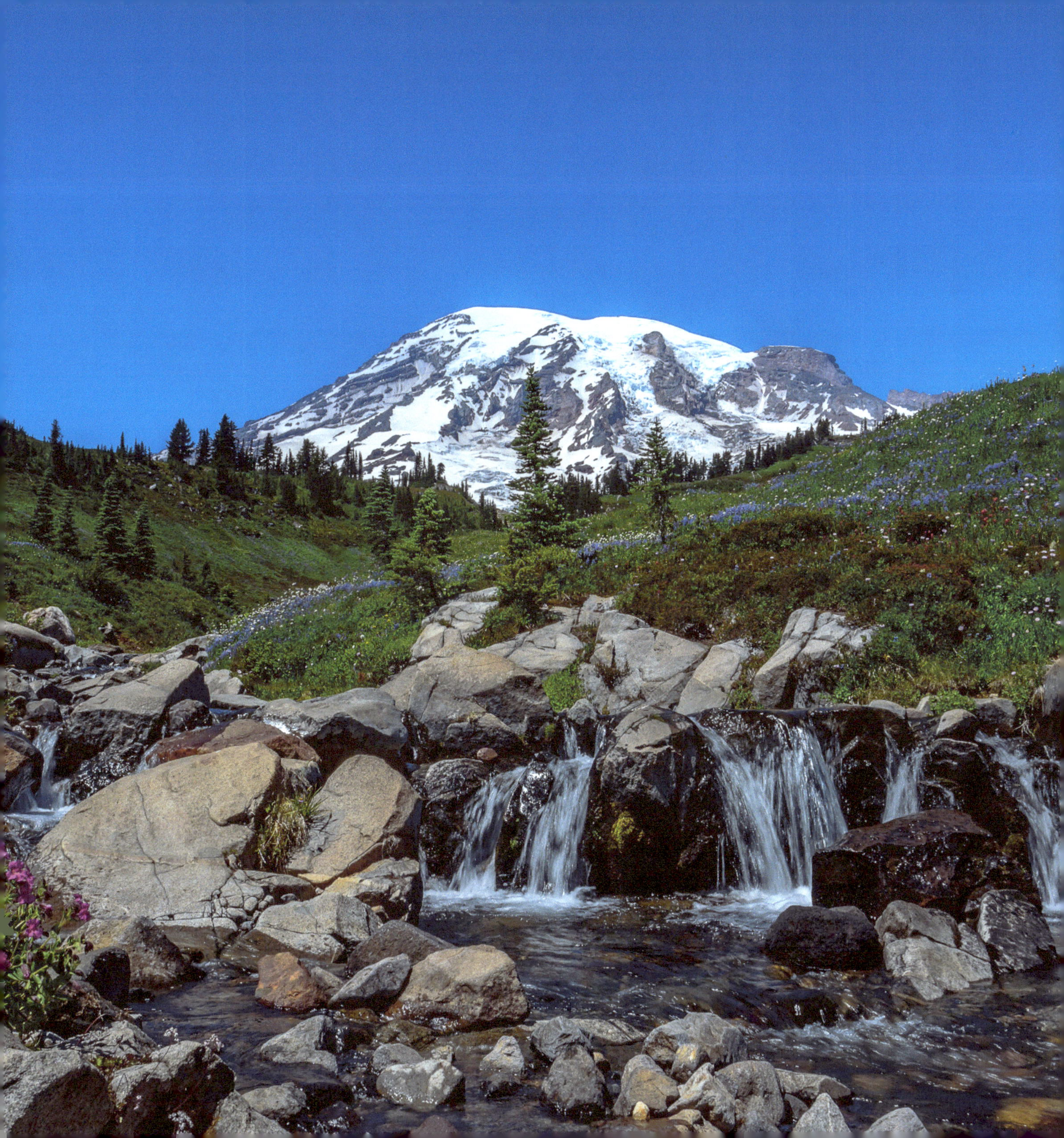

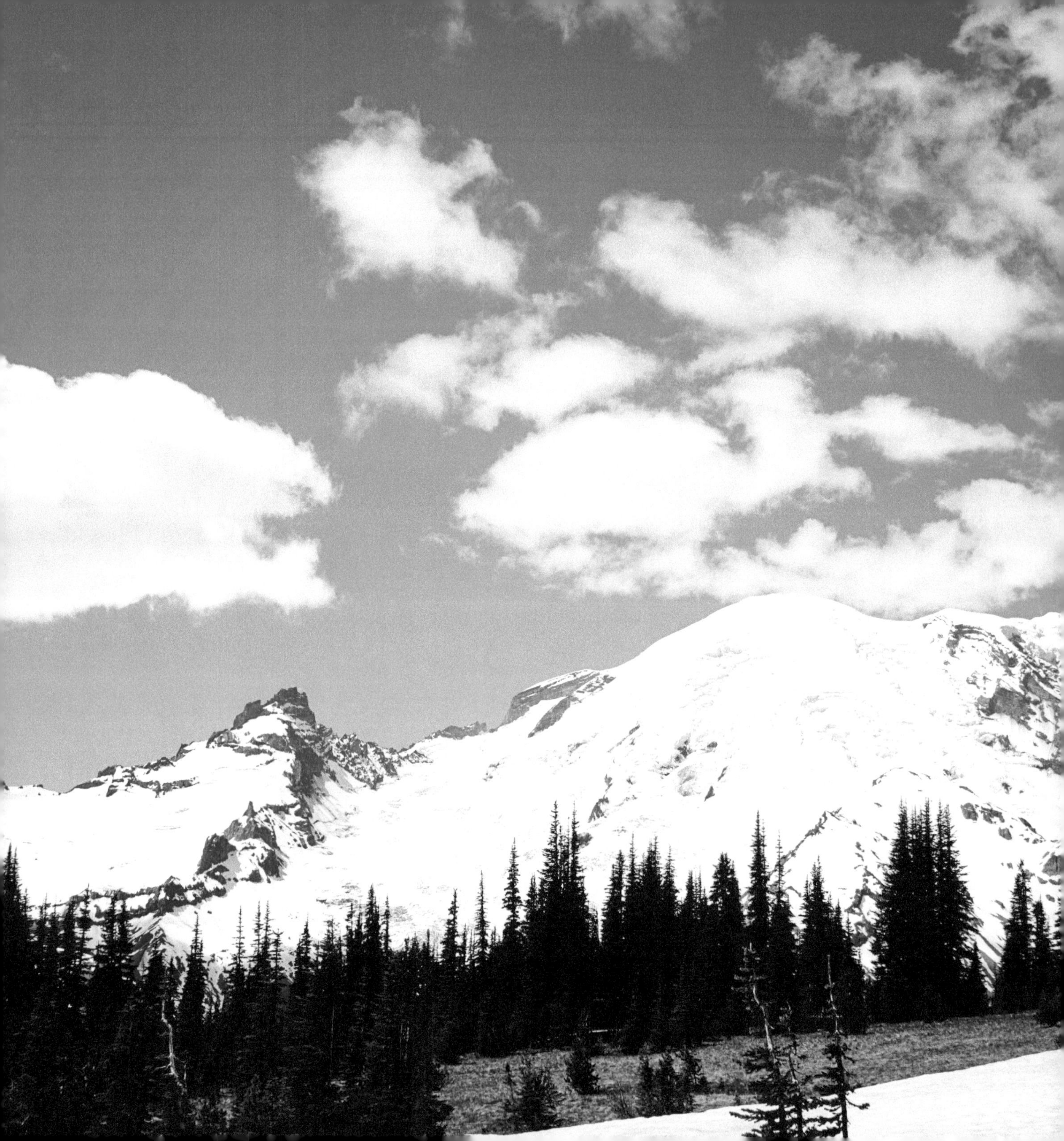

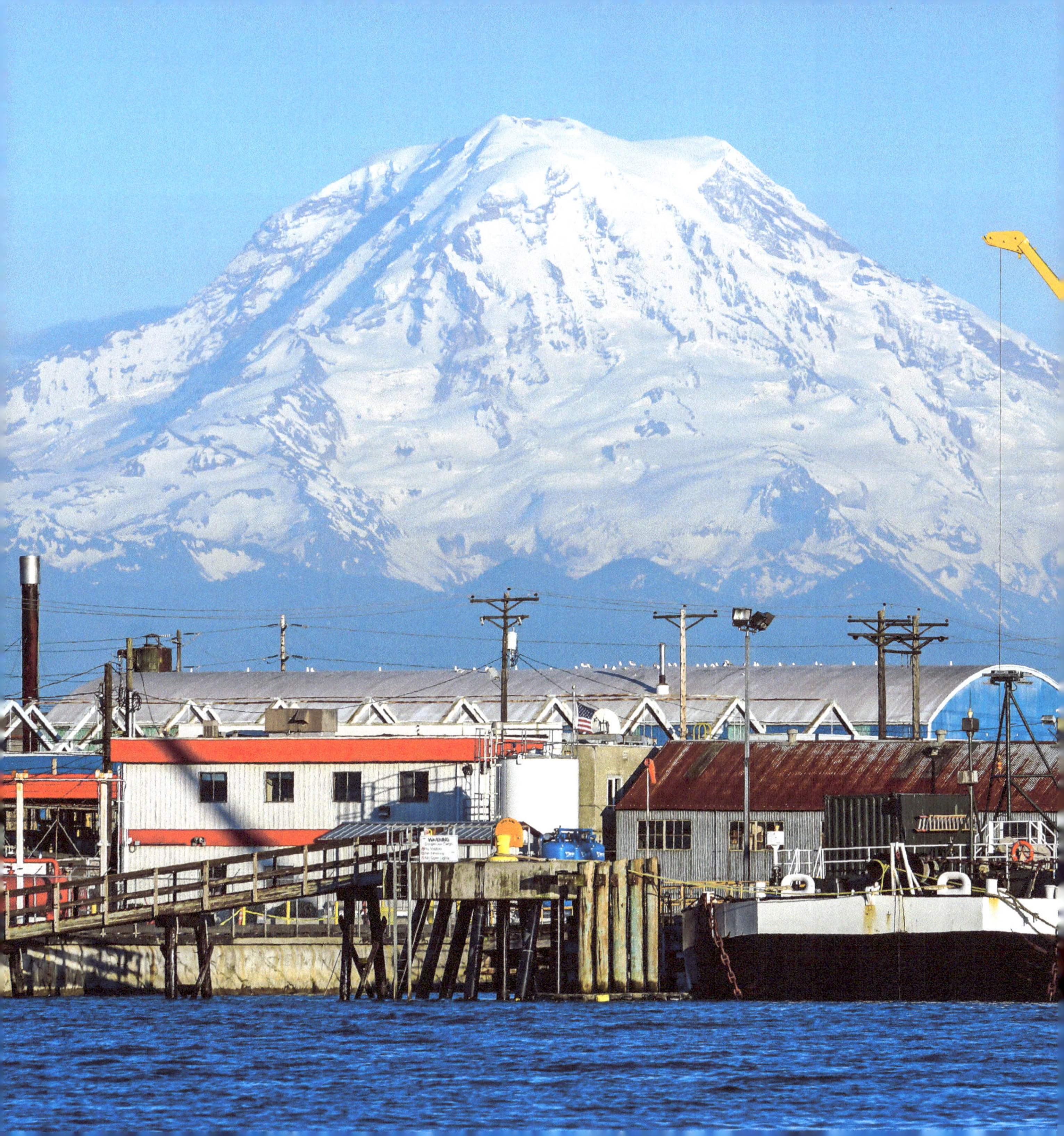
WARNING

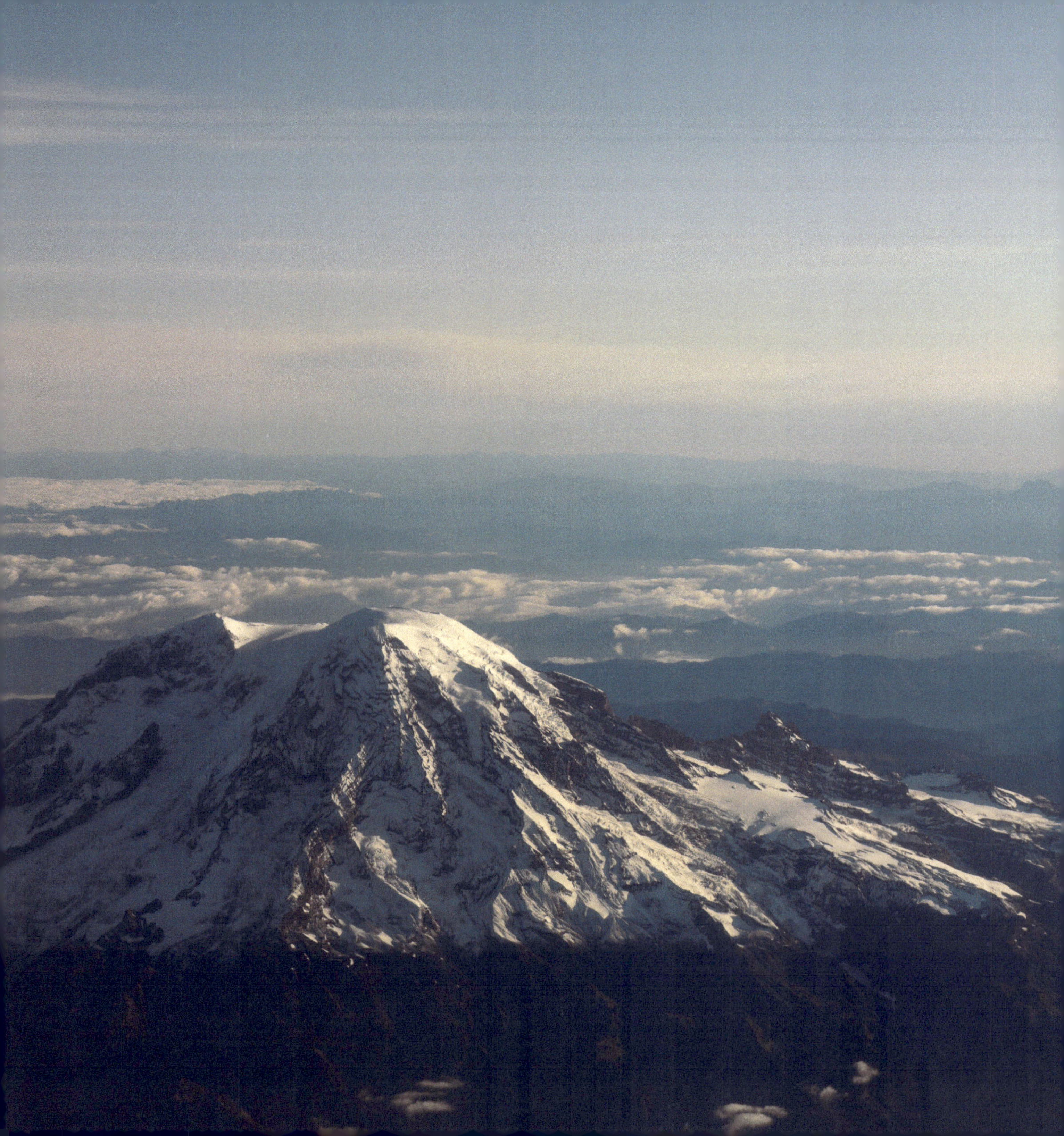

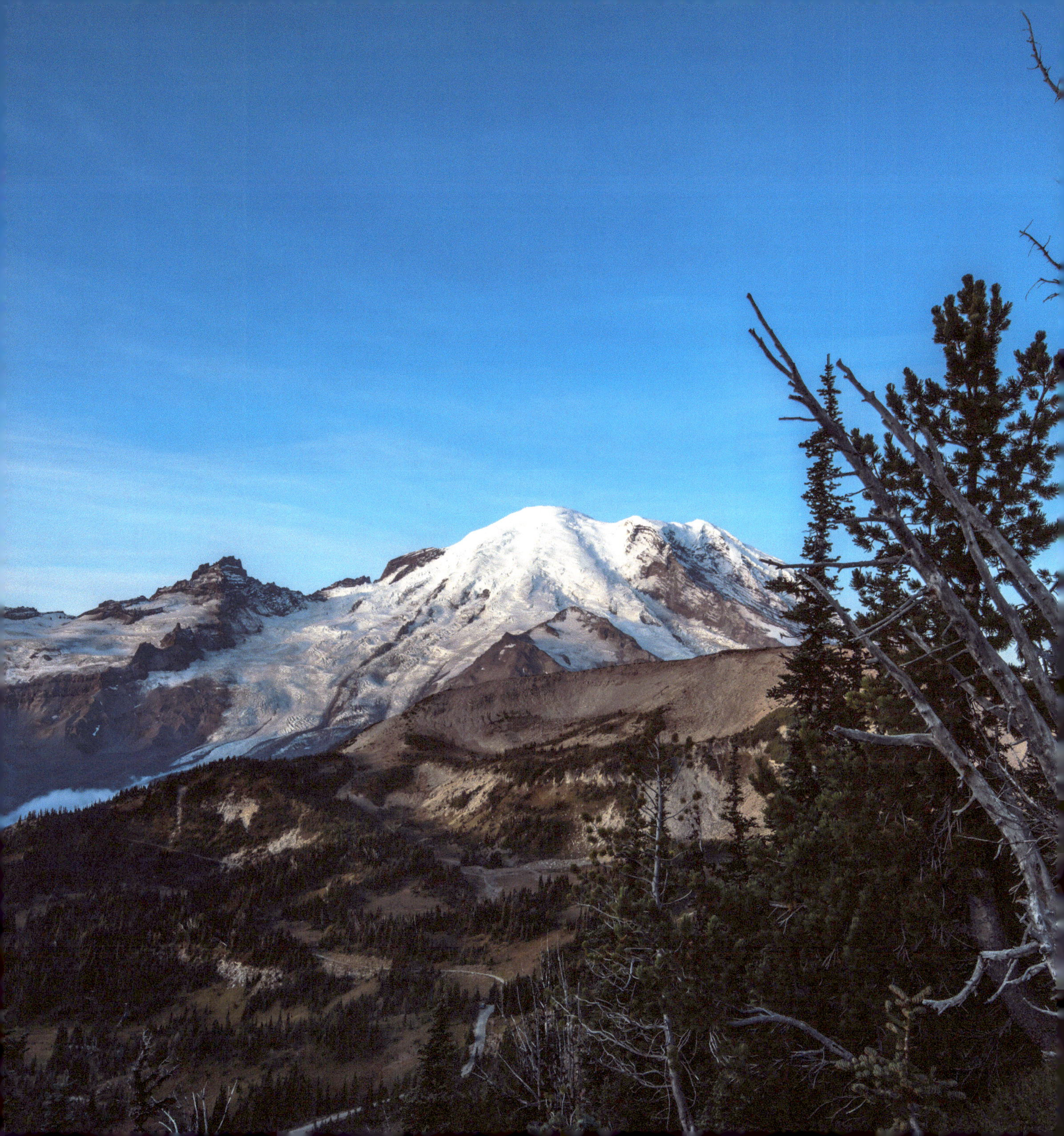

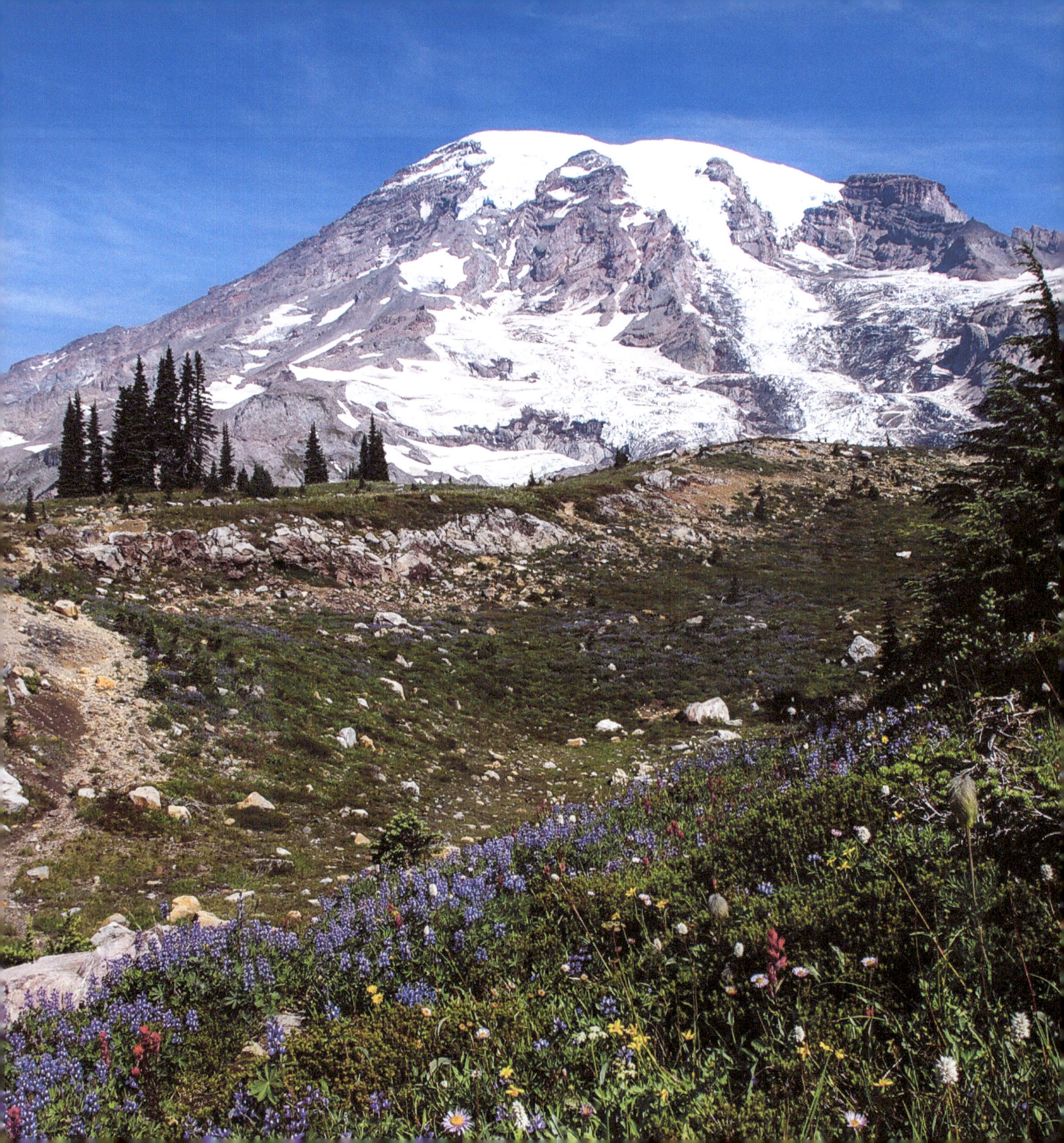

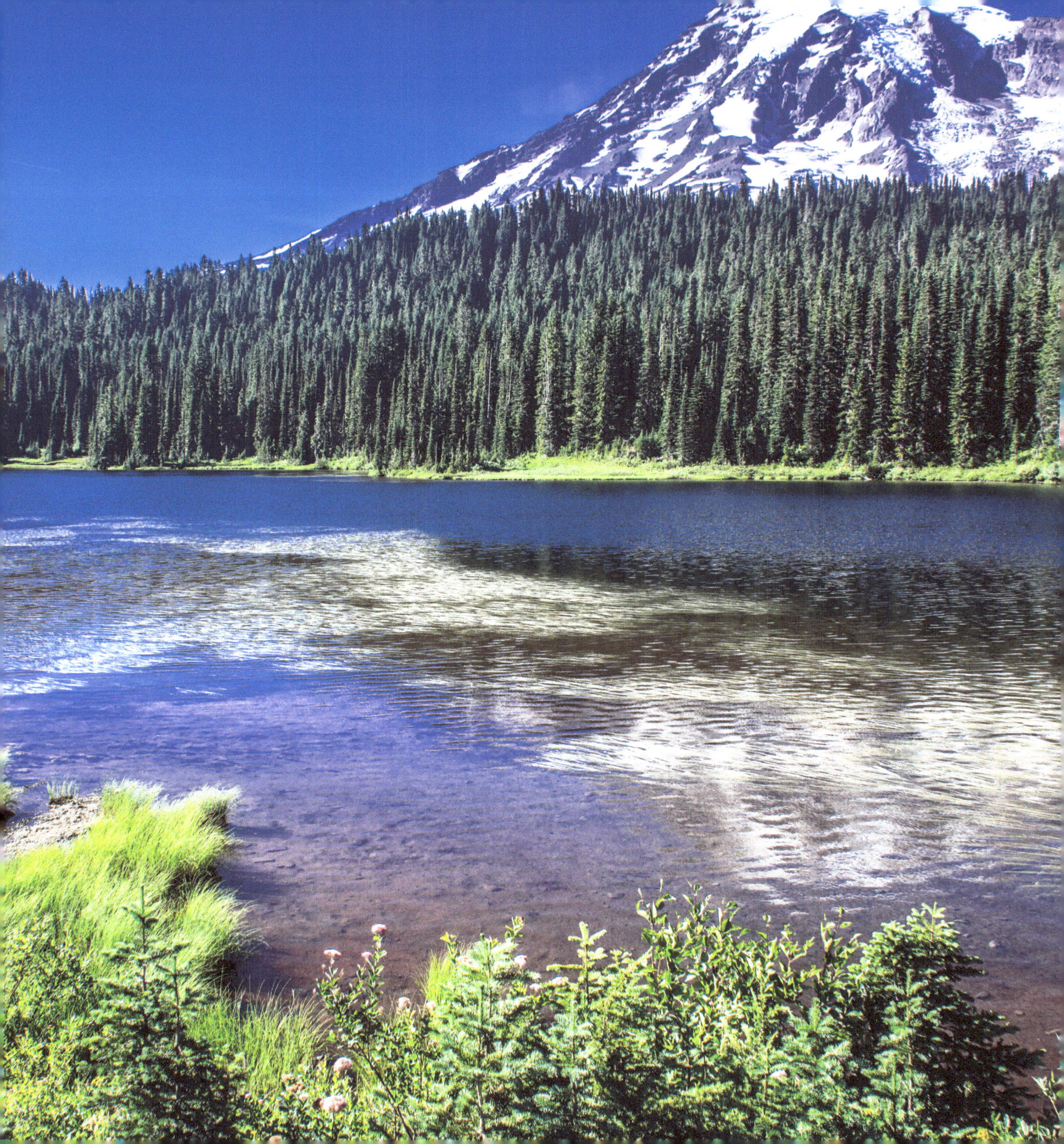

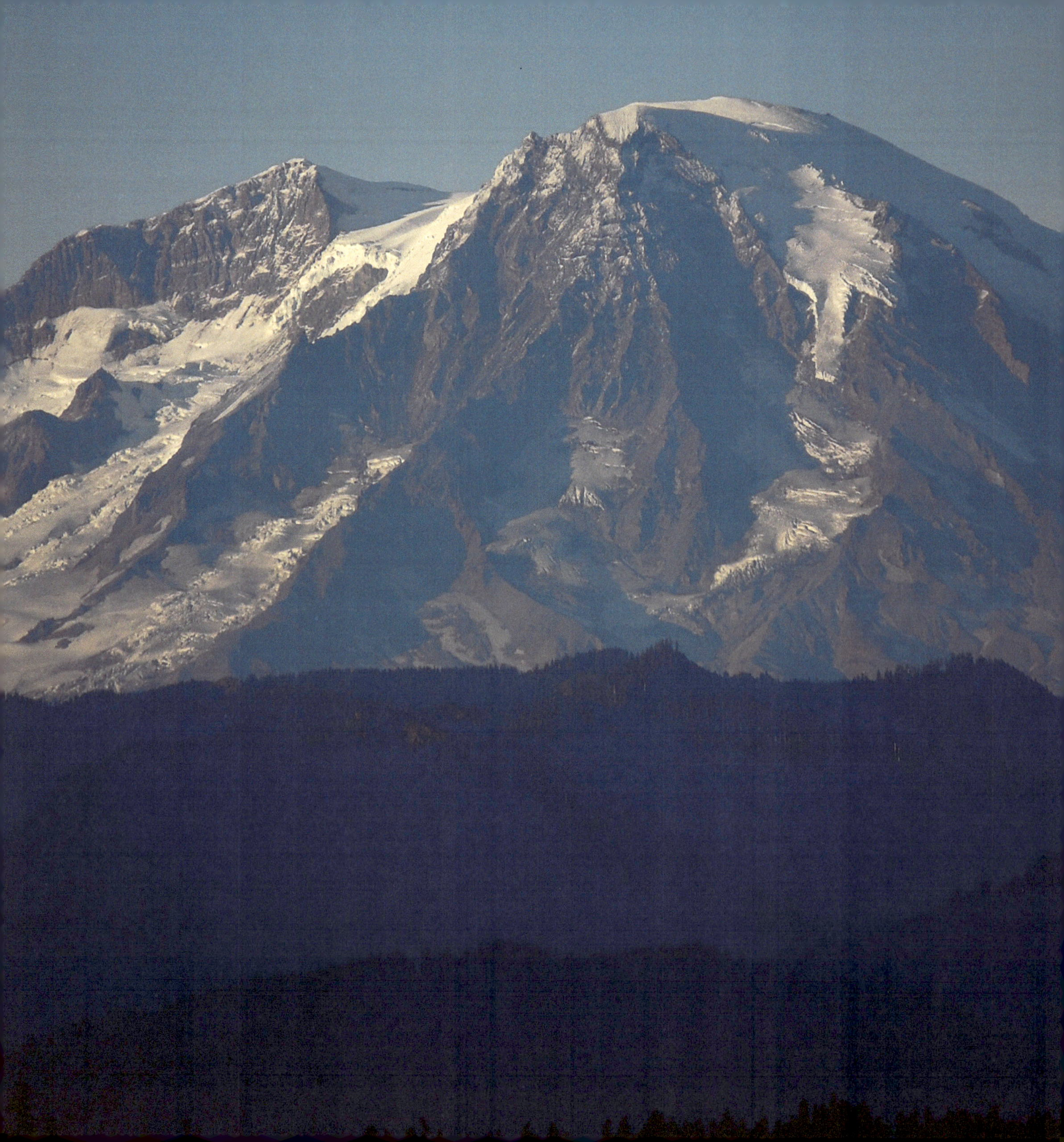

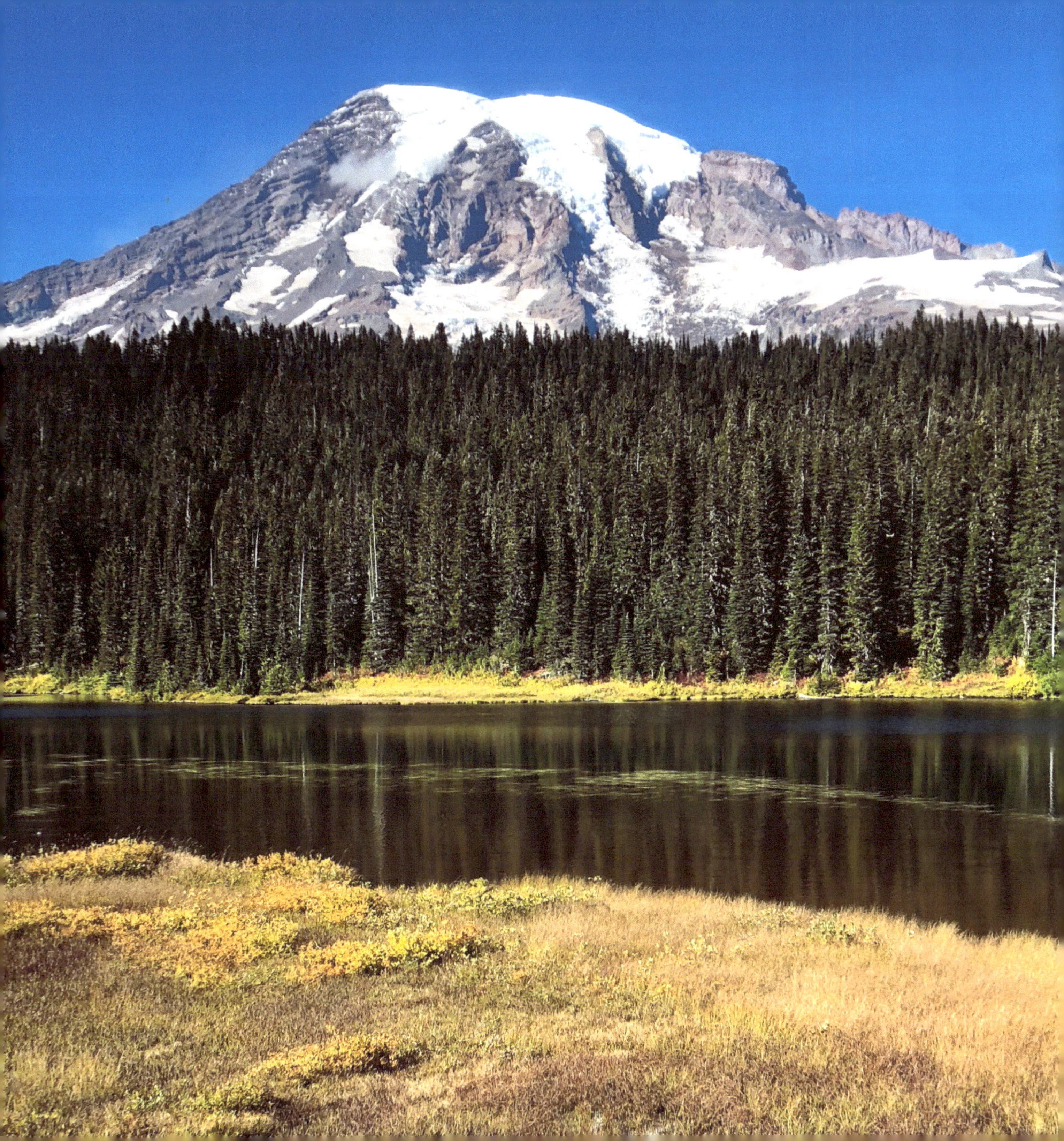

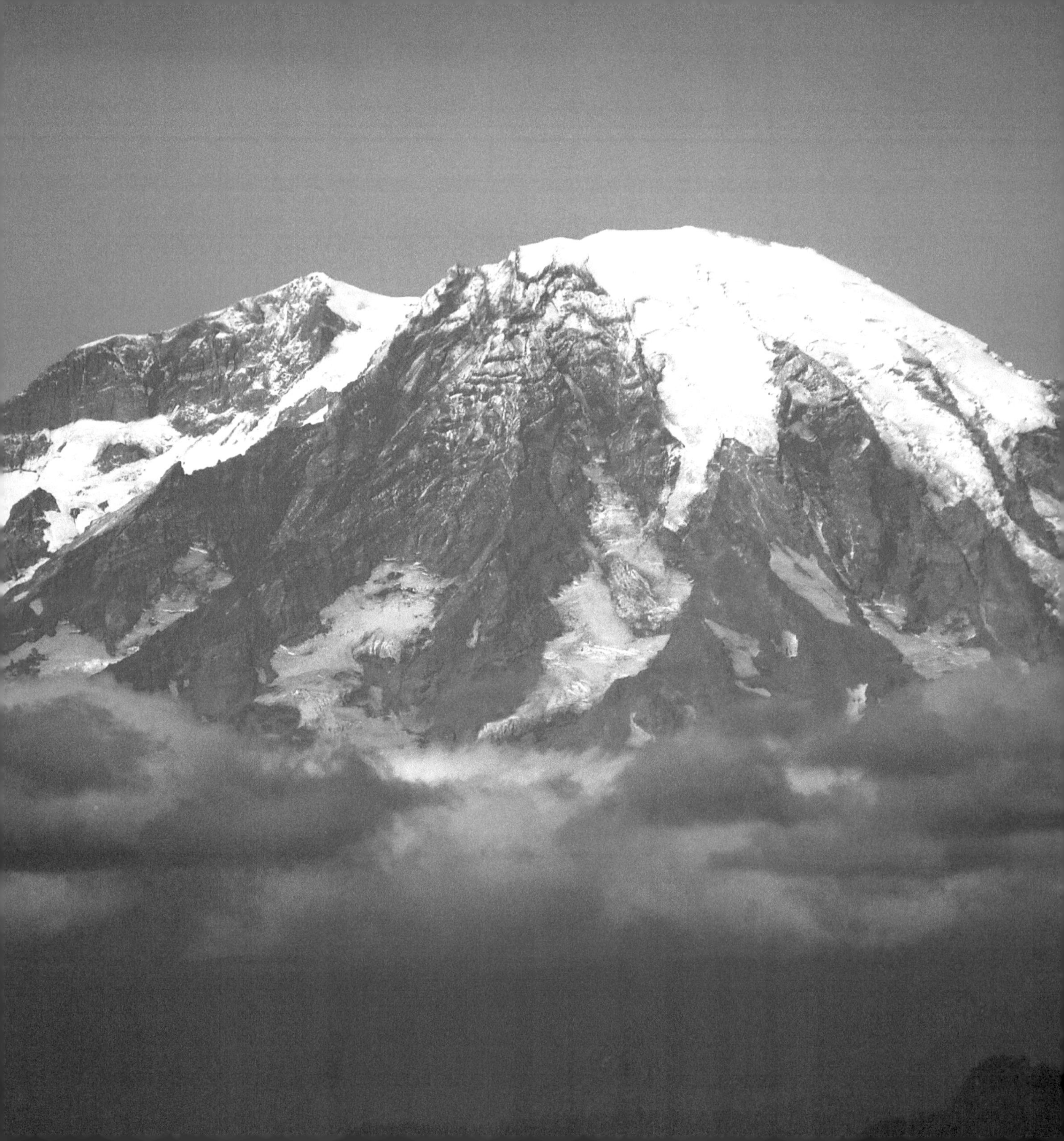

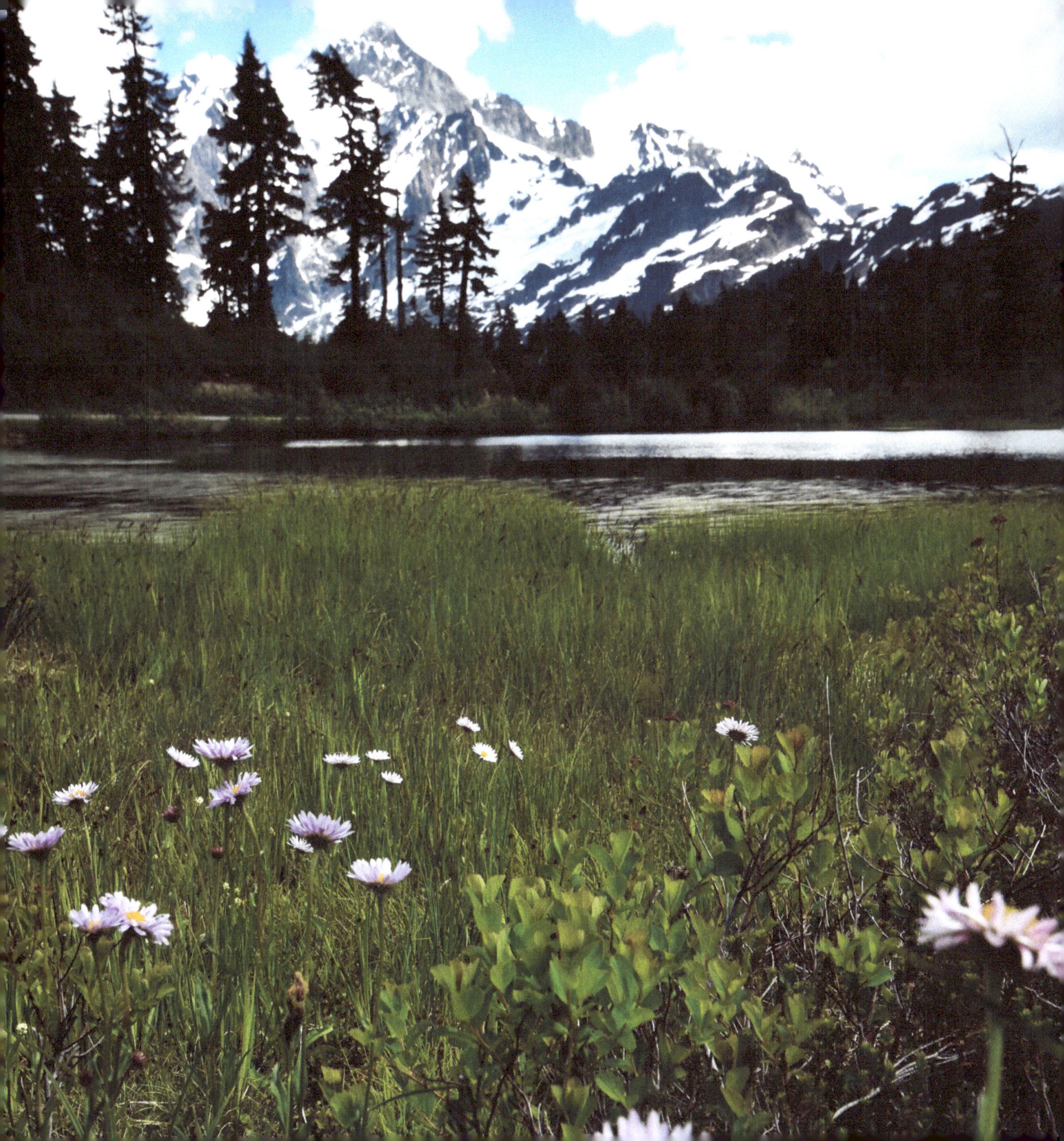

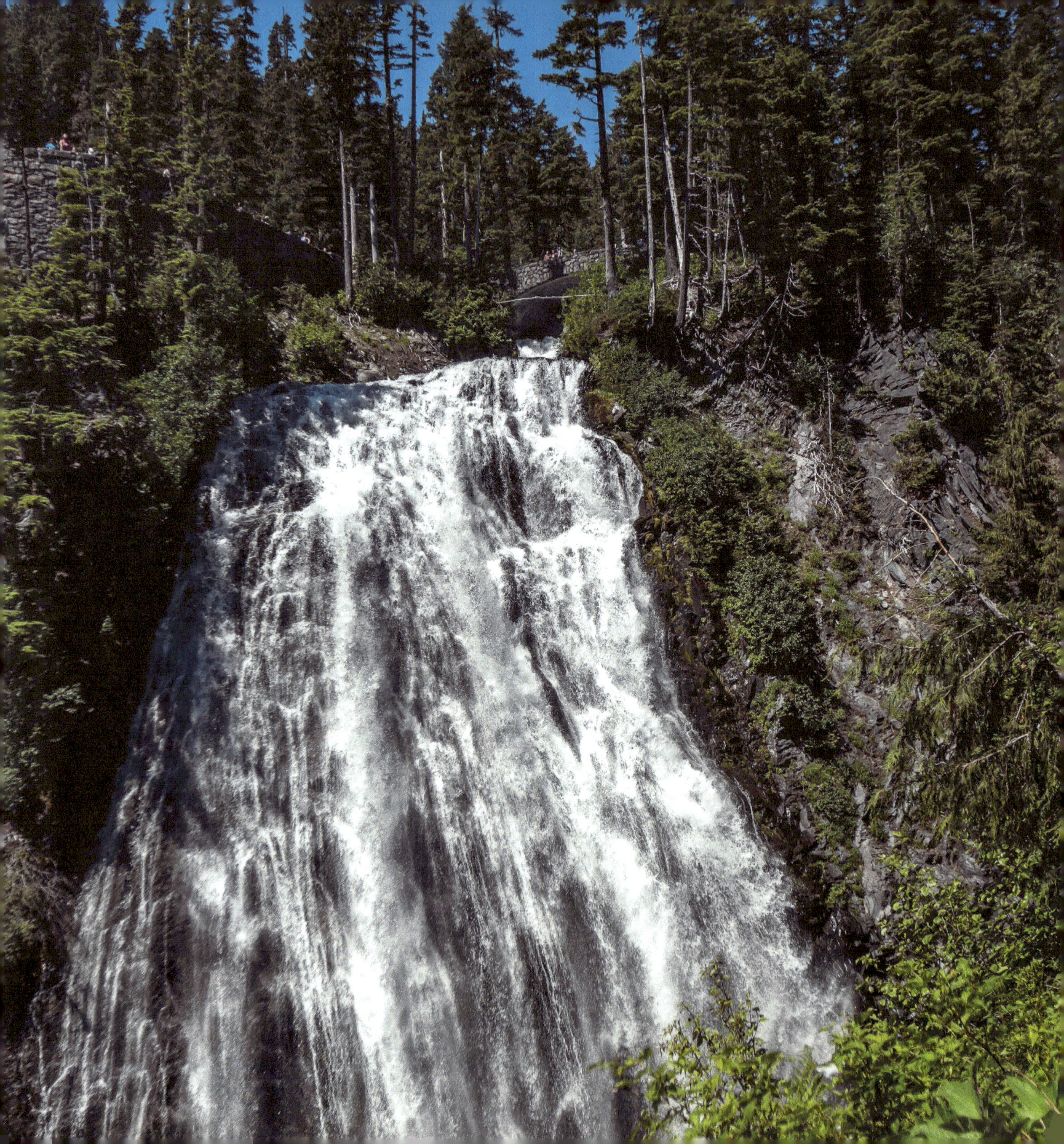

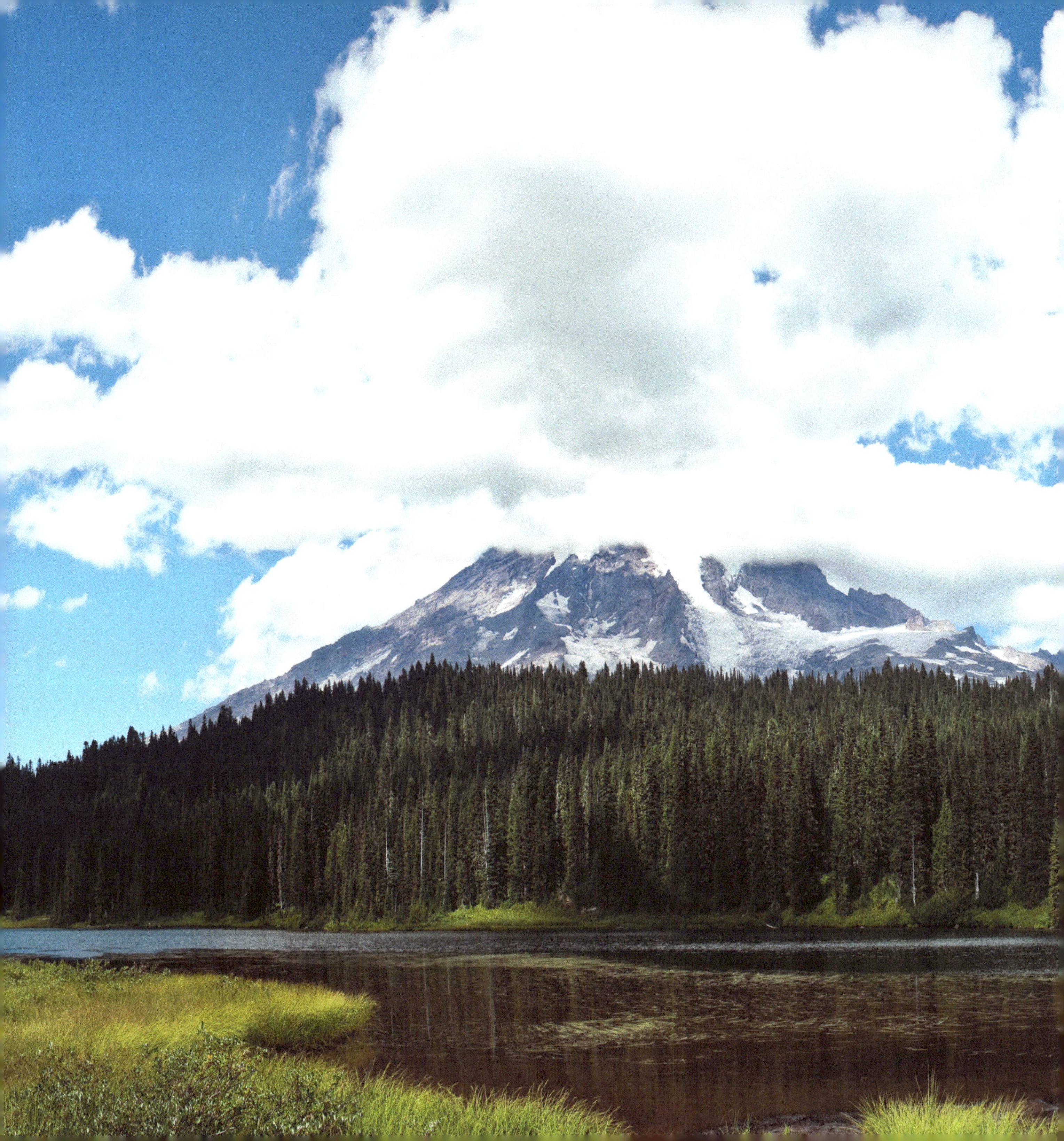

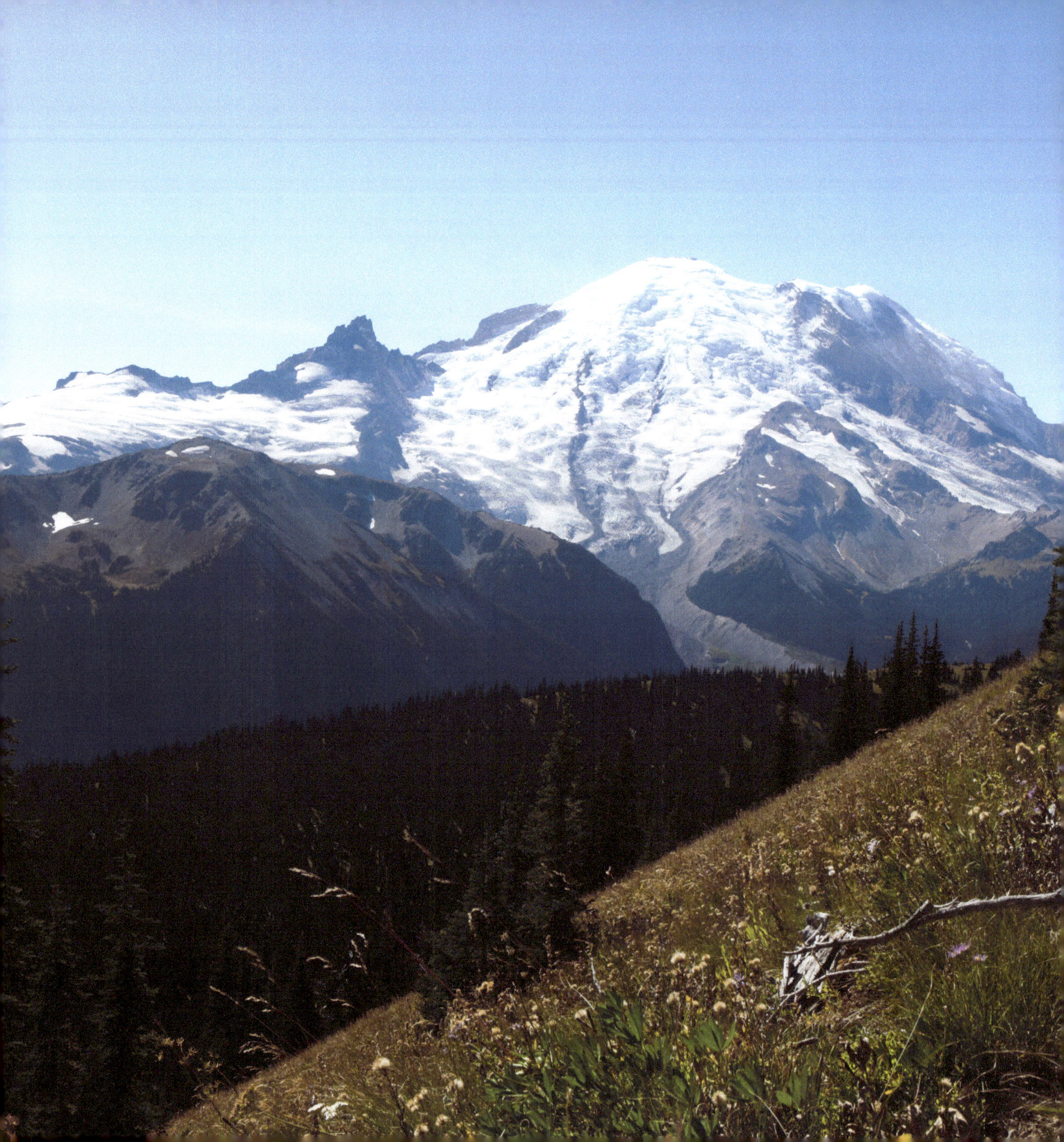

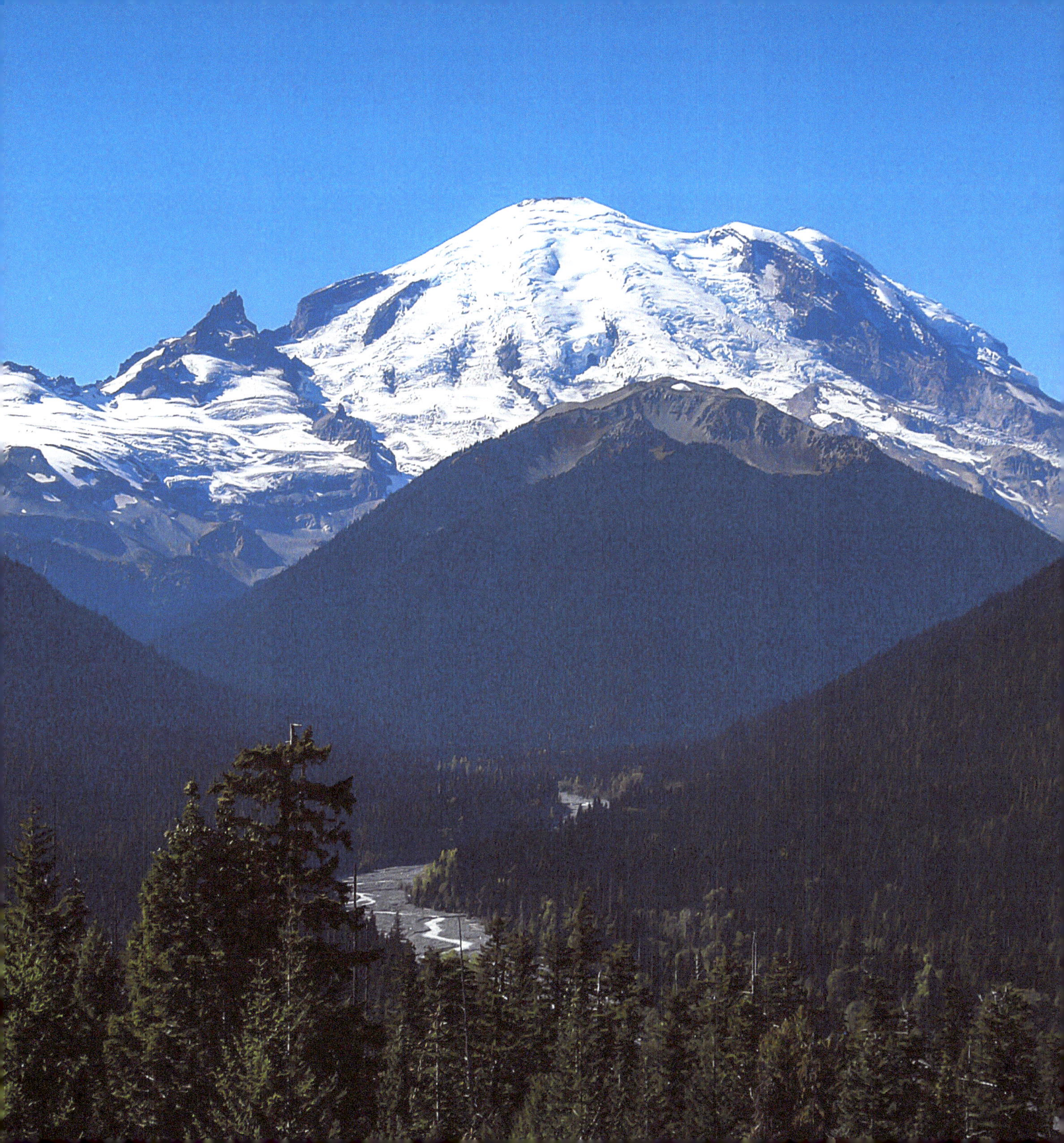

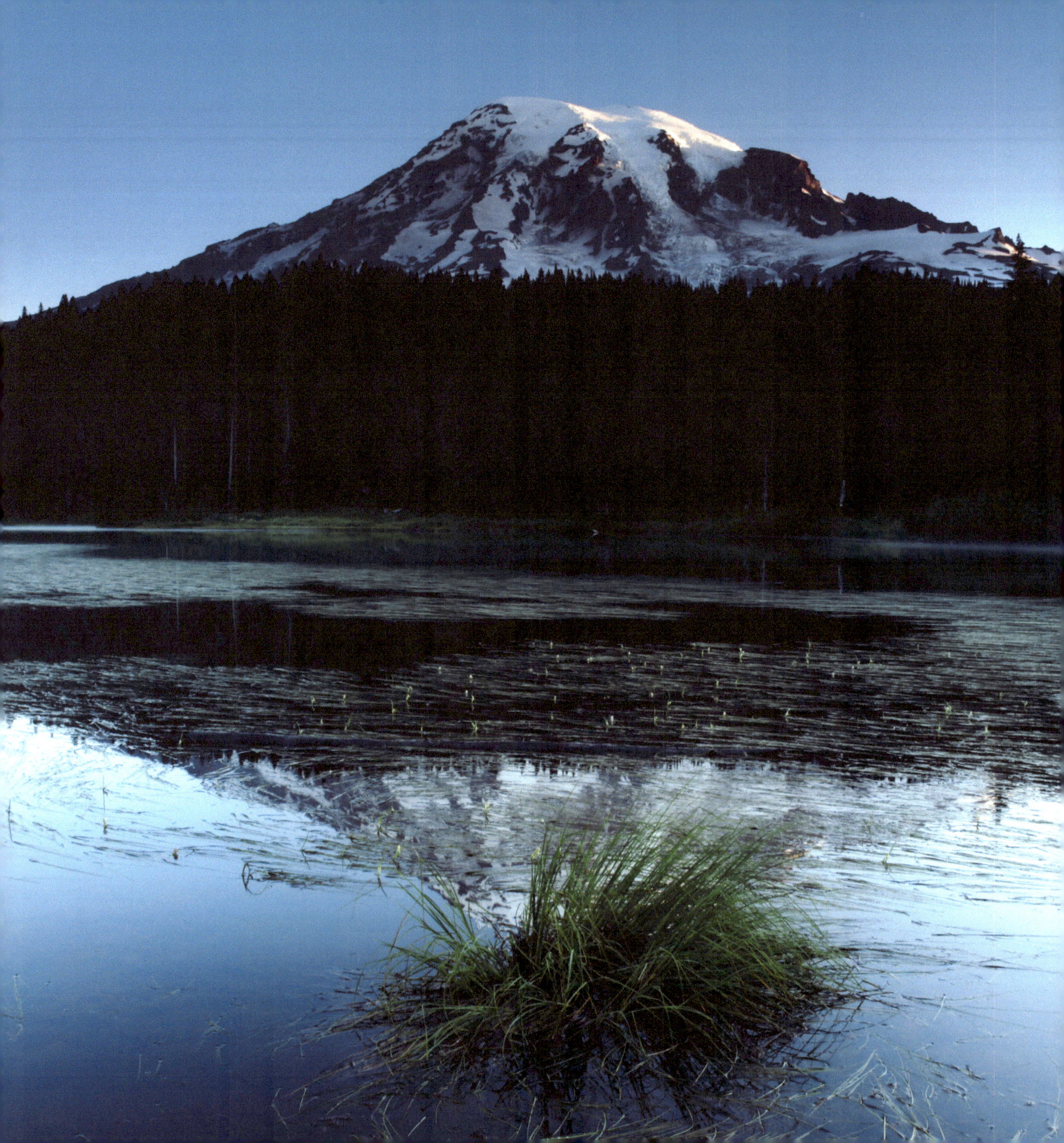

www.ingramcontent.com/pod-product-compliance
Lightning Source LLC
Chambersburg PA
CBHW040418220526
45473CB00004B/1277
* 9 7 9 8 4 1 6 8 6 2 8 3 1 *